【改訂新版】
生きるのがラクになる本

釣部人裕 編

リラックスして
自分らしく生きられる
キイワード

relax

万代宝書房選書
Bandaiho Shobo

初版　はじめに

ちょっと見ただけで、どっと疲れが出て、朝も起きられない。

ちょっとひとこと言われただけで、カーッと頭に血が上って、冷静でいられない。

ちょっとライバルが自分より良い成績を上げただけで、焦って、仕事が手につかない。

ちょっと慣れない人に会おうとするだけで、息も詰まるほど緊張して、会うまでにクタクタになってしまう。

「こんなことではいけない。なんかとリラックスしてこれを乗り越えなければ、と自分で自分を励まし、肩の力を抜こうと試みるのだけれども、どうも思ったようにはいかない」

「リラックスがどんなものか、頭ではわかっているつもりだが、いざとなると体がそうならない。そのことに気づいて、愕然とした」

最近そんな体験を、一つでもしていませんか？

そして、それを歳のせいにしたり、仕事の厳しさや環境のせいにしたり、あるいは自分の体質や性格のせいだと諦めてはいませんか。

でも、この本を手にとったあなたは、心のどこかで、「これが限界ではない」「何とか違いをつくれる筈だ」「私の心を圧迫する、このストレスから解放されさえすれば、もっとラクに、もっと力強く生きられるに違いない。緊張せずに、実力が発揮できるに違いない」そう信じているからこそ、このページをめくっているに違いありません。

この本は、そんなあなたのために書かれたものです。

〔本当にリラックスする〕とは、どういう状態なのか？どのような環境や状況のもとでも、〔安らいでいて、しかもパワフルに生きる〕にはどうすればいいのか？ということがテーマです。

あなたのものの見方や考え方のくせ・パターンなどが、気づかない間に〔安らいでいて、しかもパワフルに生きる〕ことを制限していることがあります。

本書では、あなたの見方や考え方を見直してみるヒントを、キイワードというカタチでまとめました。

どこからお読みいただいても結構です。

きっと、あなたの心を軽くする生き方のヒントが見つかる筈です。

（編集者が一部編集しました）

改訂新版によせて

『生きるのがラクになる本』（高橋弘二著）は、1989年12月、PHP研究所から出版されました。刷数は40刷を超え、販売数は10万部を優に超えました。新幹線のホームのキオスクの本棚にPHP研究所からも置かれていました。

大学卒業後、高校教師をしていた私は、ソフトテニスの大会の日、1990年8月のことです。ある教え子のお母さんから「先生の好きそうな本があったので、プレゼントします」と渡された本がありました。それが、この『生きるのがラクになる本』でした。札幌市にある円山庭球場の観客席の上に立っている樹の下でのことです。

この本を読んだら、なるほど！とか、そうか！などと思う内容が平易な言葉で書いてありました。私は、その中でも、気になったフレーズ、小見出しの内容を、「学級通信」に引用したり、部活のミーティングで話したり、生徒指導、学年集会など、ことあるごとに引用していました。

そうしているうちに、この本の内容が、どんどん私に入ってくるのです。いつしか、この本は、私の「座右の書」になっていました。

私の記憶が正しければ、ＰＨＰ出版より、この単行本を、文庫本にしたいとの提案があったときに、高橋氏が、それを辞退し、「あとは自分でやります」とのことで、著作権を戻してもらいました。

私は、この本に出会ってから、数年後、高橋氏に会うことができ、10年間勤めた教職を去り、高橋氏の創った会社のお世話になることになりました。その数年後、その会社は閉鎖され、著者も他界しました。

高橋氏は、たくさんの本を出しましたが、今では、絶版になっています。生前、高橋氏は、「時代は変わっていく。もしよければ、俺の書いた本を時代に合うように再編集して出版してほしい」と言っておりました。

時が流れ、２０２３年、私は、出版社を経営していました。そこで、３期目を終え、やり残していた再編集に取り組むことにしました。

その１冊目は、私の人生に多大な影響を与えてくれた、『生きるのがラクになる本』

にしたいと思ったのです。過去に10万部も販売された名著が絶版では、もったいないと思うのです（本書の内容は、基本的にそのまま。書籍の前後を編集しています）。

「私たちは、**一日に6万回以上も思考している。**その9割が同じことを繰り返し考えている」と言われます。そして、**そのほとんどが自分の意思とは無関係に、自動的に思考や感情が湧いてきている**そうです。これを放っておくと、思考や感情が自動操縦状態に陥ってしまい、同じような思考や感情が出てきてしまいます。

一瞬、何か、閃いたり、今までと違う思考や感情が出てきても、すぐに、いつもの自動操縦された思考や感情に戻されることでしょう。

一日24時間、８６４００秒。約１・５秒に１回は、８時間寝ていて16時間起きているとすると５７６００秒、１秒に１回以上、有意識・無意識は別として、思考していることになります。

これでは、一瞬、潜在意識から何か閃いたり、今までと異なる思考や感情が出てきたとしても、これまでの思い方、考え方が、すぐに取り囲み、それを否定することでしょう。これでは、ホントは自分が何者なのか、生まれて来た目的、使命や天命などは、わかりません。

想像してみてください！

潜在意識の自分と顕在意識の自分の声を聞き分け、バランスよく、その両方を使えるようになるとしたら、人生はどうなるでしょうか？

先ほども言いました通り、多くの場合私たちは、余程のことが無いかぎり、一旦正しいと信じ込んだ見方や考え方を変えることはありません。

ところが、同じ見方・考え方に、しがみついている限り、ある状況のもとで起きてくる感情や行為も、同じパターンをくり返します。例え、それがあなたにとって、マイナスの状況や結果をもたらしていても…、です。

でも、もしそれがあなたの役に立っていないのなら、例えどんなにそれが正しかろうと、ちょっと立ち止まって、それを見直し、より役に立つ見方・考え方を、選び直すこともできるのです。

本書では、このような、見直し・選び直しのチャンスをあなたに提供できます。

2023年2月吉日

釣部　人裕

生きるのが楽になる本（改訂新版）　もくじ

人づきあいが苦手なあなたへ　・　23

心が軽くなるキィワード

本書のテーマは「観る」です。

私たちの感情や行為は、その背後にあるものの見方・考え方に大きく影響されています。

従って、ものの見方・考え方が変われば、同じモノやコトを見ても、感じ方や行為が変わってきます。

しかし、私たちは、「私が両親や先輩から学び、あるいは体験を通して獲得してきたこの見方や考え方こそ、正しい」と思い込みがちです。

また、そう思い込んでいなければ、不安で生きてこられなかったかも知れません。

そして、多くの場合私たちは、余程のことが無いかぎり、一旦正しいと信じ込んだ見方や考え方を変えることはありません。

というより、いかにその信念が正しいかを証明することに、エネルギーを使い、その見方に沿った行動をとるたびに、「それ見たことか」と信念を補強していきます。

ところが、同じ見方・考え方に、しがみついている限り、ある状況のもとで起きてくる感情や行為も、同じパターンをくり返します。

例え、それがあなたにとって、不愉快な、あるいは人間関係にマイナスを及ぼすような、パターンのくり返しであったとしても…、です。

ここに問題の鍵があります。

あなたの見方・考え方は、恐らくまことにもっともな理由に裏づけされた、無理からぬものに違いありません。

でも、もしそれがあなたの**役に立っていないのなら**、例えどんなにそれが正しかろうと、ちょっと立ち止まって、それを見直し、より役に立つ見方・考え方を、選び直すこともできるのです。

本書では、このような、見直し・選び直しのチャンスをあなたに提供します。

ちょっと見方を変えてみるだけで、
「アッ、そうか?!」「何だ、そうだったのか?!」
とスーッと肩が軽くなるような体験が、起きるかもしれません。

見る角度が変われば、モノが違って見えてくるからです。

とにかく、あなたの中の「私は正しい」をいったん脇において、
キィワードをヒントに［別の角度から見（観）てみる］
という作業に、参加してみてください。

人づきあいが苦手なあなたへ

約束というのは、自分とします。
「人と約束する」というのは、実際はないんです。
私たちの、人生が狂いかけるのは、
「人と約束した」と自分で思ってしまうからです。

◎ 言葉選び

人とコミュニケーションを作っていく上での、重要なポイントの一つは、相手の使った言葉の中で、**その人にとって最も価値ある言葉を、そのままくり返す**という点なんです。

相手の言葉を、言い換えると、人は反抗します。

簡単な例でいうと、その人が「今日は寒いですね」と言ったとき、こちらが「とても冷えますね」と言うと、そこに違和感が生じます。

「寒い」が相手の価値観、「冷える」がこちらの価値観、そこがぶつかりあっていると、コミュニケーションは、くずれます。

自分がしゃべると、どうしてだか相手が黙ってしまうという人は、もしかしたら、いちいち相手の言葉を言い換えて、話しているのかもしれませんね。

反対に、「聞き上手」と言われる人、「あの人の前だと、何でも話せてしまう」と人から言われている人、というのは、相手の言葉と衝突しない［言葉選び］ができてる人、でしょうね。

◎会話の秘訣

人が質問したことというのは、実は、その人がしゃべりたいことなんです。

「この本読んだ？　どう思った？」
「この映画、観た？　どう感じた？」

質問されたからといって、ベラベラ答えてしまうと、その人の（しゃべりたいな！）という気もちを刈り取ってしまいます。

これはカウンセリングの秘伝なんですが、日常生活でも、もしあなたが、その人のことを知りたいなら、その人のことをもっとわかりたいなら、たちまち、返答するのではなく、「あなたは、どう思ったの？」って、聞いてあげることです。

◎自分の欲しいものを隠した会話

質問をするとき、たとえば、朝、子どもに、「いま何時？」と聞いたら、その裏には、何がありますか？　何か隠されていますね。

「今、何時だと思ってるのよ。何度言えば起きてくるのよ。ご飯の時間よ」という意味かもしれません。

今の自分が欲しいことを、ただ伝えたら、どうなります？

恋人がデートに遅刻してきたときに、「何時だと思うの？」と言う代わりに、「待っていたんだ。来てくれるかどうか、とても心配で。来てくれて、嬉しいよ」とか、「僕、実は待たされて、怒っているんだ。とてもイライラしてたんだ」と、自分の欲しいことを直接伝えないで、「今、何時だと思ってるんだ？」と質問することを選んでいたとしたら、どっちがどうなんでしょう。

職場でもそうです。「約束のときを過ぎているんだけど、レポートはどれくらいできているの？　いつまで待てば、いいのかな？」と言うのと、「今、何時だと思ってるの？」。

――どっちがどうなんでしょうね。

自分の心の緊張、体の痛み、

そして、言われた相手の痛み。

どうなんでしょう。

◎お世辞を言われたとき

「人からお世辞を言われるとアタマにくる」という人がいます。

　その人に、

「あなたはお世辞を言ったこと、ありますか?」と聞くと、

「オレだって、ある」

「じゃあ、どんなときにお世辞を言うんですか?」と聞くと、

「相手と自分の間に距離があって、……その距離をなくして、自分を受け入れてほしいと思うとき、お世辞を言ってしまうな」と、こうなんです。


　言われてイヤなお世辞を言われる、というのは、相手からステキなフィード・バック（感じたままを伝えてくれること）をもらっているのかもしれない。

　その相手は、お世辞という形を使って、

「私とあなたの間には、距離があります。しかし、私は、あなたに受け入れてほしいんです」と言っているのかもしれない。

だから、「お世辞を言われるのが嫌い」というのは、「あなたには距離がある」と言われているのを、自分で感じるから、かもしれませんね。

でも、その相手が、あなたを好きになろうとしていることもわかるじゃないですか。

お世辞を言われたときに、「オレはお世辞が嫌いだ」とか「私は大好き」とか、そういう自分の心の反応だけを観てるのもいいんですが、**この人が自分に何を求めているのか**を観ることも、できるんです。

◎ 人から誘われる人に

人に誘われたときというのは、人生の分かれ目です。

ちょっと立ち止まって、今までの自分の人生を観てください。

今ここにいること、今の自分が今のようにいること、——人生のほとんどは、誰かに誘われたり、誰かに勧められて、進行してきていませんか？　ね。だから、人に誘われる人、**勧められる人になること**が、大切なんです。

（人に誘われるままに、勧められるままに、言いなりになっていたら、自分自身が支離滅裂になってしまわないか）この不安があるから、人は誘われたときに尻ごみするんです。

でも、考えてみてください。そこで、尻ごみして断っていたら、人生は今までのまま。今までどおりの毎日が、明日も、一年後も、十年後も、続きます。

ＯＫと受けて、誘いに乗っていくと、人生の流れは太くなっていきますね。新しい可能性も、出てきます。ときには、実力以上のことをやらねばならぬ場面も起きてくるでしょうが、だからこそ実力がついてくるんです。

もし、いろんな方面から自分を誘ってくれる人が、人生で百人もできたら、もう人生コケようがないですよ。

◎自分を知る

自分が自分のことをどう思っているか、よりも、人が自分のことをどう思っているか、の方が大事、そういう人、多いですね。

だから当然、自分で自分のことをあまり知らない、ということになります。

自分のことを知ろうとしないと、**人にどう見られるかばかり気にしていたり**、その逆に、**（あなたに管理されたくない）と言って人と戦う**、それだけになってしまいますね。

◎自分が変われば

他人を変えようとするのは、自分のゲームにすぎません。

自分が変われば、すべては変わります。

◎「でも」は気をつけて使いたい

「でも」という言葉は、大変な言葉です。「でも」という言葉ひとつで、今までしゃべったことの全部をひっくり返してしまいます。

言ってみれば、家族で仲よく食事しているときに、いきなり食卓をひっくり返すみたいなもんです。

そういう言葉ですからね、もし、お使いになるときは、それなりの覚悟をして使っていただきたい。

ちゃらちゃらっとしゃべって、最後に「でも」では困るんです。

「あなたのこと好きよ。でも、嘘つきだから嫌い」「あなたのこと大好き。でも、背が低いからイヤ…。」

言われた方の身にもなってください。

「でも」という言葉を使いたくなったときは、**止まって観るチャンス**ですね。

「でも」という言葉の代わりには、「そして」という言葉があるんです。

「私、あなたのこと好きよ。そして、背が低いのも好きよ」

「私、あなたのこと好きよ。そして、弱虫なところも好きよ」

◎「失敗」がつらいのは

私は十四歳のときに、右目を失いましてね、そのとき、どう思ったと思います？

（ああ、これでもう、お父さんから愛してもらえなくなる）

そう思ったんです。つらかったですよ。


若い人が、進学に失敗したときも、同じですね。

（お父さんの期待を裏切ってしまった。お母さんは悲しむだろう。友だちはもう、僕のことを評価してくれないだろう。バカにするだろう）

これが、つらいんです。試験に落ちたことそのものより、はるかにつらい。

会社での降格、左遷も、同じです。

私たちは、**周りの人々の信頼に応えていない限り、人から愛してはもらえない**ことを知っています。

しかし、ちょっと考えてください。

起こった出来事そのものがつらいのではなく、その出来事によって自分の心の中に生まれた、不安や恐れによってつらくなっている。

だとすれば、その出来事についての、自分の考え方を変えれば、何もかもが変わってくる。そうかもしれませんね。

私の話、伝わっていますか？　もし、伝わっていなくても、そのままにしておいてください。だんだんにね、伝わっていきますから。

どこかでパッと、伝わるんです。

どこかでパッと、あなた自身が気づくんです。

◎人間と人間の会話

「昨日、ゴルフやってきたよ」と言うと、

「で、スコアどうだった？」と聞かれます。これ、男の井戸端会議です。

ゴルフとスコア（成績）がセットになっている。スコアにとても執着しているんです。

「ゴルフしてきたよ」

「そう、楽しんできたかい？」これが、人間と人間の会話でしょ。

これくらいのことは、いつも気づいていられる自分でありたいですね。

◎あなたにとって「いい人」とは？

あなたにとって、「いい人」って、どんな人ですか？

簡単ですね。無条件で、自分を受け入れてくれる人ですね。

自分のことを肯定的に見てくれて、話は最後まで聞いてくれて、いつでもつき合ってくれる人。つまり、自分の出したいゴミを、いつでも無条件で受け取ってくれる人が、いい人。そうですね。

では、反対に、イヤな人、キライな人とは？

（私がこんなに悩んでいるのに、私の話を聞いてくれようともしない人）。つまり、ゴミを受け取ってくれない人。せっかく私が話しているのに、ジロッとこっちを見て、鼻で笑ったわ、イヤな人！

人は、自分のゴミを、誰かに受け取ってもらいたいんです。そういう人がいなければ、生きていけないくらいです。

自分のゴミを、受け取ってくれる人は、大事な大事な人です。

そんな大事な人に、いつまでもゴミを渡し続ける（受け取らせ続ける）自分を、どのように感じますか。

◎約束で自分を縛らない

約束というのは、自分とします。

人と約束するというのは、実際は、ないんです。

私たちの**人生が狂いかけるのは、人と約束してしまうから、人と約束したと自分が思ってしまうから、**です。

あの人との約束は破れない、あの人を裏切るわけにはいかない、と、そんな具合に考えて、自分を縛ってしまう。

これ、違うんです。

(あの人と行く)という約束を、自分とした、本当はそれだけなんです。

自分がしたくない約束をする、というのは、約束ではありません。別のものです。

◎ときにはひとりになって

私たち、「ときにはひとりになりたい」と思いますね。当り前なんです。

いつも他人の要求に応えてきたんです。他人の要求に応えようとするくせが、ついているんです。そして、疲れたんです。

ときには、自分を休ませてあげましょう。

◎口ぐせでわかること

「人のせいにしたくありませんけど……」って言う人は、人のせいにする人ですね。「正直言うとね」「実を言うと」「さっきも言いましたが」……いろいろその人の口ぐせってあるもんです。

よい悪いではなくて、その人のレベルを表していますね。

だから、人は三分間しゃべると、それなりにわかります。

どういう意図をもっているか、どのレベルにいるか、どういう精神状態か、どういう育ちか、わかります。

◎「でも」のあとに本音がある

「でも」というのは、すごい言葉です。

「でも」「しかし」「だって」「バット」……これらの言葉は、**今までの話を全部台なしにする言葉**、です。このあとから、その人の本音が出てくる。

誰かが、まったく無意識に「でも」とか「だって」を使っていたら、そこから先は本当に注意して聞く必要があります。前半は、ただの飾り、なんです。

◎人は誰でもベストをつくしている

人を観る見方はいろいろあるんでしょうが、
「人は誰でも、
どんな場合も、
その人のベストをつくしている」——
これが私の根本にあるんです。

ぶりっ子も、ヘラヘラ笑っている人も、エゴにしがみついている人も、
それが、**その人のそのときのベスト**だと、私は思っています。

あなたは、他の誰かの理想の自分と、
不十分な自分を比べては、
不十分さの埋めあわせに、
自分を責めるというゲームをくり返しますか？

自分に自信がないあなたへ

◎自分に誠実になる

人からどう思われているかが、とても気になる、という時期があります。当り前なんです。

誰でも、子どもの頃というのは、**周りの人たちからどう思われるか**だけが、生きるすべてです。

（かわいい）と思われて、（いい子だ）と思われて、守ってもらって、世話してもらうことが、生きる方法です。

そのときの心の習慣（自分は人からどう思われているか）が成人した後も抜けない――これが、人間は習慣の動物である、ということの原点です。

私は、自分の家族にも、会社のスタッフにも、私に対して誠実であることは、まったく要求しません。それは必要ない、と言っています。ただ、

その人がその人自身に対して不誠実で、**自分を虐待しているとき**は、「もっと自分に対して誠実になったら」と言います。

◎人が恐れるのは

人の恐れというのは、「私は〇〇じゃないかな?」と思っているときに、出てくるもののようですね。

「もしかしたら、私はバカじゃないかな?」と思っていると、「あんたはバカだ」と言われるのが怖い。死ぬほど怖い。バカだ、と思われないために、何でもする。

あの人は小学校しか出ていない、と言われないために、何でもする。

人生のほとんどを、そのために過ごす。

◎証明し続ける人生

自分が何であるか、あるいは、何でないかを証明するために、人生のほとんどを費やす、というのは、それほど珍しいことではありません。

おれは男だとか、一流の税理士だとか、頭がいいんだとかを証明し続けて生きていく。

これは逆に言うと、おれはめめしい人間ではない、ヘッポコ税理士ではない、頭悪くないぞ、ということを証明し続けていたい、わけです。

また、反対に、おれは頭が悪いんだ、貧乏人なんだ、ということを証明し続けていないと生きてる気がしない人も、います。

いろいろな人がいるんですが、その裏には、その人その人の痛みというものがあるんじゃないか、と私は思っています。

◎ 完璧なんてないのに

「もっと完璧にやりなさい。今のままじゃダメよ」

こんなメッセージをもらい続けて育ってきた人は、いくらよい仕事をしても、満足できないんです。これでＯＫっていうのが、ない。

周りの人が「よくやったね」と言っても、「いえいえ、まだまだ私は」と言う。皆が「よくやったね」と言って、祝賀会まで開いてくれても、「いえいえ、まだまだ。これからも、もっとがんばらなければいけない。**まだまだ不充分**でございます」。

これは、**謙虚さとは全然別のもの**です。本気で思っているんです。俺はまだだ、って。

だから、完璧主義者の特徴は、際限がないんです。だって、完全なる完璧なんて、この世にはないんですから。

子どものときに（もっとキチンとしなさい）というのを言われ続けて、それを受け入れてしまうと、（まだダメだ、まだダメだ）が、その人のバックボーンになってしまうんですね。

◎あまり自分を責めないで

「あまり自分を責めないで」——

いつも私は、自分に、そう言っています。

人は、いつも、過渡期の中にいるんです。だから、そんなにうまくいかないんです。そんなに完全じゃないんです。

自分ばかりでは、ない。人だって、むろん、そうです。みんな、過渡期の中にいる。

完全じゃない。

「あまり自分を責めないで」そして「人のことも責めないで」。

◎ 責めの悪循環

神経質な人っていますね。

神経質であることは、良いとか、悪いではなくて、それは、その人のもっている心のパターンです。しかし、一度止まって、自分の心のパターンを観ないと、ただ、(自分は神経質だ)で終わってしまう。

そして、他人の評価がいつも気になる。

さらに、他人の評価ばかり気にしている自分を、(自分は臆病な人間だ。あの人は、あんなにいつも堂々としているのに)と責めてしまう。

止まって、観ることがないままだと、この悪循環につかまってしまうんです。

◎ 事実を受け入れてみる

「私は神経質で、人前で喋るとアガってしまう、ドモってしまう。どうすればいいのか」

という質問に対して、結論を言いますと、

それは、**そのまま受け入れること**なんです。

今起きている事実を、ただ事実として観る。これは、すごいことなんです。

(私は今、アガっているな)、それを、そのままに観る。

(ヒザがふるえているな。口の中がカラカラだ。ドモっているな)、それを、そのままに受け入れて、観る。すると、

どういうわけか、心が落ち着いてくるんです。スムーズに話せるようになって、いつの間にか口の中のカラカラもなくなっていて、ヒザのふるえも止まっている、どういうわけか、そうなります。

(やっぱりアガってしまった。ダメだ。ヒザがふるえるのを、人に見られてるだろうな。

他の人はあんなに上手に話していたのに、オレはなんて気が小さいんだ）と、自分を責めると、ますますアガって、ますますヒザはふるえてきます。

だいたい、**人と比べる**というのは、**自分の一番うまくいってないところと、人の一番うまくいっているところを比べている**んですから、自分がダメに決まっているんです。

◎ 見方ひとつで

昔は、よく肥えて赤ら顔だったら、すごかったんですよ。社長タイプなんて言われてね、貫禄ありますね、なんて言われて。

それが今は、違います。「血圧だいじょうぶですか？」と心配されます。

アメリカのビジネス社会、特にエリート層になればなるほど、身体のメンテナンスを重視しています。体重が標準体重を何割かオーバーしていたら、自己管理ができない人と思われ、エリート層になればなるほど、求職者の体型をチェックしているそうです。

そしてまた、中近東のある国では、男も女も、もう肥満であればあるほど尊敬されるそうです。体重一〇〇キロ以上の女性なんか、もう女王クラスです。今「生まれる国を間違えた！」って顔した女の人、いましたね。

ある、ぽっちゃり体系の女性が、太っているモデルに応募したところ、もっと太ってないと目立たないからモデルになれない、と言われたそうです。

見方ひとつで、［観念］は、コロコロ変わります。

しかし、そこにある事実は、ただそのような事実であるだけ、です。

◎自分を人に預けられない人

自分を受容していない人の特徴を言うと、どんなときにも自分を人に預けられないという点があります。

自分の本性を見せずにいて、いつも、（あなたの思いどおりにはならないわよ）というスゴミを効かせている。

何ごとも、人まかせにできない。また、人の誘いに乗らない。（瞑想すると、自分というものがなくなってしまわないか）という不安をもち、人の話を聞いても、それに影響を受けることを恐れている。そんな特徴があります。

◎ 自分を自分で叩いている

私たちは、日に何度となく、自分に対して**否定的なメッセージ**を投げかけています。

鉢植えの花を見て、（きれいだな）と思う前に、（ちゃんと水をやったかな？）と、自分を叩いてしまうんですね。

玄関の靴を見て、（また汚れちゃった。磨かなきゃ。このまま会社に行ったらミットモナイ）。

お料理を作って、「さあ、食べて。おいしいのよ」と言わずに、「ちょっと辛かったかしら。ちょっと熱いかしら」。相手が何とも言ってないのに、「だとしたら、ゴメンナサイね」。そんなふうに、自分を叩くんです。

自分にばかりではなく、人にもそうです。

(なによ、あのモノの言い方は……)

(なによ、あの目つき！)

雨が降っても、

(また雨なの！　洗濯できないじゃない)

天気になると、

(こんな日に会社に行くの、もったいない)

否定形ばかりで、自分との対話をくり返していきます。これでストレスが溜まらない方が不思議です。

◎ 自分の心臓の音をきいてごらん

自分のことを好きになろうと、努力する必要は、ないんです。

ただ、自分の内側を、観ます。

自分の血液の流れや、心臓の音や、体温や、そういうものを、自分で観てやります。

するとゝ、自然のうちにね、自分のことが好きになってきます。自分が、いとおしくなって、きます。これ、エッセンスです。

わかりますか？

何にもせんで毎日ゴロゴロして、わかろう、というのは無理ですよ。

◎ブスと言われて怒るのはブス

「どうせ私には魅力ないわよ！」と怒っている人は、「魅力ないね」と言われて――直接言われたかどうかは知りませんが、そういうメッセージを受け取って――怒っているわけですから、やっぱり魅力ないんですね。魅力があれば、怒ること、まったくないんですから。

ブスだ、と言われて怒るのは、ブスなんです。ブスって女の人に限りませんよ、男にだっていくらでもいるんですよ。ここにもいるでしょ、私のことです。

「あんた、やっぱり女だねえ」と言われて、怒るのは、自分が女であることに問題をもっている人ですね。女っぽくなりたくてたまらない人に、

「あんた、女だねえ」と言えば、その人、嬉しくてたまんないわけです。

問題点を突かれることによって——何かを言われたときの、自分の反応の仕方によって——自分の問題点が見えてくる、わけですね。

でも、反応してはいけない、怒ってはいけない、というのではありません。

そんなふうに自分を束縛すると、ただ反応しなくなる。感じなくなる。痛みを呑み込んでしまうことに、なるんです。

◎ 自分の短所を使いこなす

「私は、どうも消極的なところがあって、これが短所なんです。直したいと思っているんですが、直るものでしょうか？」と聞く人がいます。

「消極的なのは、いけないんですか？」と聞き返すと、

「ええ。それが私の短所です」

「しかし、消極的であってよかったこと、ないですか？」と、さらに聞く。

実は、これ、エッセンスなんです。**何かしらよいことがなければ、人はそれを自分の短所として選ばないんです。**

「いや、よかったことなんか、ないですよ」と、まだがんばっている。

「では、あなたの特徴を話してみてください」と言うと、

「……えー、それは、私は消極的なタイプですから、何に関しても安全を見てから行動するし、軽はずみな約束もしないし、一度した約束は守ります。だから、結構人からも信用されているし……えー、健康にも気をつけているし、物事はじっくり考えるから、浮わついた人間ではありませんし……」

「それじゃよいことばっかりじゃないですか」と言うと

「えぇー！」と、今度は自分でオドロいている。

消極的であるがゆえに得ている価値って、数え切れないくらい、あるわけです。

雪道をズンズン積極的に歩いて……、気がついたら病院のベッドに縛りつけられていた、これじゃ、しょうがないですね。

積極的になりたいという気もちには、何の問題もないんですが、消極的なことに対し

て自分で否定的になってしまうというのは、どうしてなんでしょうね。
一方に光があれば、一方は暗いんです。前を向いていれば、後ろは影。消極的になっているとき、同時に積極的になることは、できないんです。ちゃんと自分で選べば、いいわけ。消極的でいることが必要なときというのも、いくらでもあるんですから。

ちゃんと自分で選べるようになるには、まず、**消極的な自分を受け入れられるか**です。

受け入れていないと、「消極的なのはいけない。オレの短所だ」になってしまう。消極的という自分の特徴を、使いこなせないままに、なってしまう。

◎マイナスの想像はマイナス

事実を事実として観る――とても簡単のようで、これが難しいんです。
というのは、事実を事実として観る練習を、私たちはしていませんからね。

子どもの頃から、

(男の子は泣くものじゃない)

(女の子は大口をあけて笑うものじゃない)

(お客さんが来たら、静かにおリコウにしていなさい)と、

「〇〇しなさい、〇〇すべきだ」で育てられています。その結果、私たちの頭の中には、

[観念]ができあがります。

(男なんだから泣いてはいけない。泣いたりしては恥ずかしい。泣いたら、人の笑いものになるだろう)

(女なんだからハシタナイ笑い方をしてはいけない。下品な人間に思われるに違いない)

これが観念ですね。

この観念というものが[事実]を、自分の[想像]にしてしまうんです。

人前に出た。話そうとしたらちょっと胸がドキドキした。起きている[事実]は、たったそれだけのことなのに、

(きっと皆から「なーんだ。大した人間じゃないな」と思われてるに違いない)と想像

して、

（やっぱり私は、大した人間じゃない）というところまでいってしまうんです。

人がこっちを見て笑うと、**［事実］はそれだけのことなのに、**
（きっと私のことをバカにしてるんだわ）になったり、あるいはまた、
（あの人も私のことを好きなんだわ。私はすばらしい人間なんだわ）となったり、
［想像］は、どこにでも揺れていくんです。

◎ 今のままでいたい自分

「この頃のオレ、さっぱり成長していないなあ。人間ってなかなか成長できないもんだなあ」と、そんな具合に感じているときがあるとしたら、

（自分は、何とさよならしていないのか）

ここから、観てください。

何かにしがみついている自分がいるとしたら、それは、成長できないんじゃなくて、

（成長したくない、今のままでいたい自分）が、いる。
そこから、観てください。
今のままの自分でいるから得ている価値、
今のままでは得られない（―だけど得たい―）価値、
そこを、観ることです。

幸せをあきらめかけているあなたへ

幸せになりたいから　一所懸命求めてきた。
そして　そのうちのいくつかは　手に入れたのに、
どうして街を行きかう人は　怒っているんだろう？
どうして　輝いている人なんて、めったに見ないんだろう。

◎ 幸せの邪魔をするもの

自分が望んでいる人生と、現実に起こっている人生のあいだに、違いがあるとしたら、そこに、何かしらの［錯覚］が横たわっています。何かしらの片寄った［思い込み］があるんです。

そして、その［思い込み］というのは、自分で作り出したものです。自分で作ったんですから、自分で消すことも、できるわけです。

私は、十四歳から十九歳まで、父親の中にホントはいもしない敵を自分で作り出して、それと闘っていました。目を失って、もうこれで父親に愛してもらえなくなる。そう思い込んでツッパリ人生を続けていたのですが、十九歳のとき、それが［錯覚］であり、［思い込み］だと気づいたのです。

たとえば、コンプレックスのある人。

私はどうせ女だから、私はもうトシだから、学歴がないから、子育ての能力がないから、子どもには何にも言えない、主人がバリバリ働いているから、主人に頭が上がらない。――全部これは、自分で作り出した［錯覚］です。**自分だけの思い込み**です。

女であると、幸せになれませんか？　年をとると、幸せになれませんか？

年をとっても幸せに生きている人、いくらでもいます。学歴がなくてもバリバリやっている人、います。トンチンカンな子育てをやっていても、十分子どもと仲よくしている人、います。

自分で作った［錯覚］や［思い込み］だけが、自分の幸せを邪魔しているんです。

◎ないものを求めず、あるものを見る

私は、右目を失ったとき、本当につらく感じました。そして、

(オレには右目がないんだ）という人生を、長く長く生きてきました。

でも、左目があるんですよね、この左目ちゃんが。

(左目がある！）と気づいたのは、右目を失って何十年もたってから、でしたね。

私たちは、えてして、ないものばかり見るんです。

あれがないこれがない。あの人は私を愛してくれない。従業員が働かない。社長はオレたちのことをコキ使う。今の若い者はどうなっているんだ。年寄りは僕らのことを理解してくれない……ないものばかり見ています。

もしかしたら、その人は、ただあなたの近くにいてくれているのかもしれない。もしかしたら、その社員は、会社に明るい気分を作り出しているのかもしれない。社長は、必死で、全社員の生活の安定を考えているのかもしれない。若い人は若い人なりに、人生を模索し、お年寄りは、ただただ自分の役目を果たしているのかもしれません。

今あるものを、ちゃんと見られる人は、たいした人なんです。

◎あなたの幸せは？

結婚して一、二年しかたたない人がね、別れるって言うんです。

「どうして？」って聞いたら、「幸せにしてくれなかったから」って言うんです。

「何があったの？」って聞いたら、「結婚を申し込まれたとき、あの人が、私を幸せにしてあげると言うから、私はお嫁に来たんだ」と言います。「なのに、幸せにしてくれなかった」と。

「じゃあ、あなたの幸せって、何なの？」って聞いたら、「わからない」と言います。

◎ 不幸を選ぶことはない

インドでは、人が死ぬとお祭をします。心から笑い、死者を讃えるそうです。どうしてかと言うと、人が死ぬということは、現世のおつとめを果たして、神様になることだからなんです。

日本人と、ずいぶん違いますね。

インドの人は、笑うことを選び、日本人は泣くことを選んでいるわけです。

こんなふうに、人が死んでも、意識や考えが変われば、泣き明かすことも、笑い明かすことも、どちらも人間にはできるんです。人が死ぬのは、悲しいのに決まっている、というのは、迷信です。

あなたが、いつも物事をよい方に考え、**幸せを感じる人か**、悪い方に悪い方に考え、

不幸を感じている人か、どちらにせよ、自分で選んでいるわけです。

「私は今、不幸のどん底だから、暗い気もちになるのは仕方ないでしょ」というのは、今、ここで、やめるんです。あなたが、それを、選んでいるだけなんですから。


自分を観ること、自分とは何か、を知ることは、ここから始まります。

ここから始めない限り、何十年生きていても、何もわかってきません。

私は家族が死ねば、泣きます。日本人だからかどうか知りませんが、私は泣く人なんです。きっとワンワン泣くでしょう。

しかし、自分は、今、泣きたいから泣くんだ、悲しみたいから悲しむんだ、という覚悟はあります。

自分で選んだ上で、泣きます。だから、

「オレは不幸だ」とは言いません。あなたも泣いてください、同情してください、と言って人を巻き込むことは、しません。自分の悲しみを、人に押しつけることは、しません。

◎人生ってこんなもの？

世の中ってこんなもんじゃないの、結婚ってこんなもんじゃないの、人生ってこんなもんじゃないの、自分なんてこんなもんじゃないの……。

そんなふうに言っている人には、なぜか、誰も魅力を感じません。もう、投げてしまってサボってしまっている人だから、でしょうね。

◎痛みを避けても

井戸端会議的な話を一日中やってる人って、いるんですよ。一日中が毎日なら、一生涯ずうーっと井戸端会議。そんな人いない、と皆さん思います？　いえいえ、いるところに行くと、山ほどいるんです。

井戸端会議的な話ばかりするというのは、どういうことかと言いますとね、この話し方だと、自分に正直になる必要が、全然ないんです。自分自身を語る必要、何もなし。

「昨日どうだった?」「明日はどうするの?」「ああそう、よかったね」「よかったのよ」とやっていれば、いいんです。人としての痛みなんて、何もない……。

ところが、人には痛みってあるんです、誰にでも。

その痛みを他人から隠すため、自分から隠すため、痛みと直面するのを避けて、ただただ無難なおしゃべりをする。

で、家に帰ったら、胃がキリッと痛むんです。外では呑み込んできたんですから。

井戸端会議を終えた人の顔って、みんな悲しそうな顔してますね。

楽しいつもりで話していても、実は、

(今日も、うまくだませた。正直な自分を出さないままで済ませた)、これしか残らないんですから。心の中は、少しも満たされていません。そして、

「今日も楽しくやってきたはずなのに、どうしてこんなに人生つまんないの」

と言います。

◎何もかも外に求めるくせ

私たちというのは、基本的に、「外に幸せを求める」ように教育されていますね。よい学校を出て、よい会社に入って、よい地位について、よい結婚をして、よい家庭を築く……これ以上、ほかにどんな幸せがあるのか、と思っています。これ以上何か思っていたら、変わり者です。

しかし、幸せを外に求めたときに、どうしようもなくついてくるのが、それがうまくいかなかったときの、

「学校が悪かった。会社が悪かった。社長がダメな人だった。こんな人と結婚したのが悪かった」

原因も外に求めてしまう、心のくせです。

◎100パーセント

自分の人生に、100パーセント参加したときに、人は幸せになります。

99パーセントでは、ダメなんです。100かゼロか、です。
人生は、そうなんです。
飛行機に、99パーセント乗るって、できませんね。
99パーセントだけ妊娠して、1パーセントしないでおくってことも、できません。
いつも、結局は、100かそれ以外かで、人生は動いているんです。

◎幸せに賭けて賭けて

私はね、うちのおばあちゃんに聞いたことがあります。
「おばあちゃんの幸せって、何だっけ?」そしたら一所懸命話してくれました。
おばあちゃんの若い頃はね、どうしても女学校に行きたかったんだ。
「女学校に行けば、どうなると思ったの?」って聞いたら、
女学校にさえ行けば、私は絶対幸せになれる、と思ったんだよ。
「どうして?」

滅多に行く人なんていなかったし、私なんか、田舎で生まれて貧乏だったからね。女学校に行くなんて、夢みたいだった。でも、どんなことしても女学校に行きたかったから、両親に頼んだ。女学校に行かせてくれたら、どんなことでもするからって。それで、毎日二時間もかけて、町の女学校に行ったんだ。

「で、どうだったの?」

私は女学校を出たらすばらしい人生が開く、と思ったんだけどね……それだけでは私の人生は、パーッと明るくはならなかった。

ああ、と思いましたね。今でも、同じですね。

(うちの子が、大学にさえ入れば)と、お母さんが命かけていらっしゃる。

(大学にさえ行けば、それも有名校にさえ行けば)それにすべてをかける。

おばあちゃんの時代から、続いているんですよね。

「おばあちゃん、それじゃ人生ダメじゃない。あきらめたの?」

なんのなんの。私は、女学校出ても人生パーッと明るくならなかったから、次のことにかけたんだ。

「何に？」

看護婦になるしかない、と思った。

(あの頃の女の人の職業といったら、エレベーターガールとか、看護婦とか、ね。あとデパートガールを入れて、これが三大職業だったんですってね)

私は、白衣の天使になることに、命をかけた。好きな人がいたのに、あきらめてね。一所懸命勉強して、看護婦になった。

「で、どうだったの？」

憧れの赤十字病院に入って、それはそれはすばらしかったけれども、それだけで自分の人生がOK、じゃなかった。十分に幸せ、ではなかった。

「えーっ？　じゃあ、どうしたの？」

私も考えたのよ。それで、かけたのよ。

「何に、かけたの？」

もう結婚するしかない、と思った。

「で、結婚して、どうだったの？」

「言いたくない」ですって。

私のおやじと結婚したわけですからね、私もバカなこと聞いたもんです。

おやじは、おふくろを幸せにするどころか、病気をして、十八年間も闘病生活をしたのち死んでしまいました。私の母親は、おやじの看病をするために結婚したようなものです。

私はバカですから、また、聞いたの。「じゃあ、結婚の次に、何にかけたの?」

お前だよ

――もう聞けなかったね。

幸せを求めていくというのには、二つの方向があるんじゃないか、と思います。

今言ったように、女学校にかけて、看護婦にかけて、結婚にかけて、子どもにかけて、孫にかけて、**外へ外へと求めていく方向**と、

自分の内側を観はじめる、**内側に幸せを見出していく方向**と。

◎時間があったら、近かったら

私の知人が、インドのある瞑想のアシュラム（修行道場）に行きました。

私が何も言わないのに、その人たちは行きました。

そして、行かなかった人たちが何と言ったか。

「いいな、インドにまで行けて。自分もお金があったら、時間があったら、行きたいんだけど」でした。

翌年、そのインドアシュラムから、四人の瞑想指導者が来日して、大阪で、瞑想のワークをやったんです。

そのとき、インドに行かなかったその人たちは、何と言ったか。

「大阪は遠いな。月末でしょう。金曜と土曜でしょう、無理ですよ」

その人たちは、今、そこにいます。

人には、［時期］があって、変わる時期が来ると、人は変わります。

◎ 言いわけ探し

（この悩みさえ解決したら、もう私には何の心配事もなくなるのに）

（この仕事さえなかったら、私も旅行に行けるのに）——これはウソですね。

そういうふうに考える人は、そういう具合に考えるパターンとともに生きているんです。

この悩みが自分の幸せを邪魔している、この仕事が自分のやりたいことをやらせなくしている……いつも、何かが自分を邪魔しているというパターンです。そのパターンがある限り、その人は、いつまでたっても、何かしら**自分の幸せを邪魔するもの**を見つけてしまうんです。

◎ よい習慣がよい人生を作る

人生は習慣だ、という説があります。

だとしたら、よい習慣を身につけることが、よい人生を作ることです。

約束の時間に、約束の場所に行く――このこと一つを自分の習慣にするだけで、一年でどれだけのことが変わってくるでしょう。

約束にチャランポランな人と、人生全般では、どれだけ差がつくでしょう。

◎ 執着から離れれば

大きなお屋敷に住んで、ロールスロイスのような高級車に乗る、というのは、並々ならぬ大成功だ、と私は思います。

しかし、ボロをまとって橋の下に住んでいても、［自分が幸せになる］チャンスは同じだ、とも思っています。

ボロ着は、ただボロ着であり、大きな家は、ただ大きな家であり、ロールスロイスは、ただロールスロイスです。

幸福とも不幸とも、何の関係もありません。

関係してくるのは、その人が、ボロ着や屋敷や車に**執着したとき**からです。

修行とは、一言でいえば、［執着から離れること］です。

◎ 幸福は自分のなかに眠っている

幸福　というのは
外からやってくるものではない
自分のなかに
眠っている　幸福が
目を覚ますか　どうか　です

◎ 不幸と感じるのは幸福を知っているから

私は小さい頃、生まれながらに目の不自由な人に聞いたことがあります。

「おばちゃん、真っ暗って不自由やろ?」

すると、その人は、

「真っ暗って何や?」と言いました。

光を知らない人は、闇もわからないんです。

今、「私は不幸だ」と思っている人がいたら、
その人は、**幸福**というものを知っているんです。

◎ 幸せになりたい分だけ、幸せになる

幸せになりたい人が、幸せになりたい分だけ、幸せになる、のが人生です。
自分が望んだ以上のことは、起こりません。そして、
何を望むかを決められるのは、自分本人だけです。

人生をものたりなく感じているあなたへ

人は　誰も、いつもいつも
一生に一回しかないことを
し続けているんです

◎ツマラナイ側から人生を見ていないか

人生なんてツマンナイ、世の中なんてツマンナイ、と思っている人は、自分がツマンナイ方にスポットライトをあてて、ツマンナイ側から見ているんだ、ということを感じてほしいんです。

あなたの［観念］を、あなたが見たい側から見ているだけのこと、なんですから。

◎人生はそれぞれの信念

その瞬間瞬間、何を考え何を感じているか、それが［自分］です。

それ以外に［自分］はないんです。その他に自分の人生はないんです。

「人生は愛だ」という人がいます。けっこうです。でも、それは持論です。あるいは、その人の信念です。

信念をとおして、何を考え何を感じているか、それがすべてです。

「人生はお金だ」という人もいます。それも、けっこうです。

お金をもつことで、何を考え何を感じるか、です。

◎もう一人の自分

「行こうかな」

「行かなきゃダメよ」

「でも、どうして?」

「だって○○さんが『来い!』って言ってたじゃない。あの人にニラまれたら、怖いわよ」「でもなあ、今日は何だか頭が重い」

「またすぐ、そんなこと言う。どうせ家に帰っても、ダラダラしてるだけでしょ。そんなことだから、人からの信用を失っていくのよ」

これ、会話じゃなくて、論戦です。戦いです。[もう一人の自分]との戦いを、内なる葛藤と言います。

毎日毎日、戦っていたのでは、誰だって疲れ果てます。何のために生きているのかさえ、わからなくなってくるんです。

［もう一人の自分］が、自分の［よき仲間］でなく、論戦相手になってしまうと、これは扱いが難しいんです。

何しろ、相手は、表面に出てきませんからね。いつもその人の背後にいて、その人を審査して裁いているんですから、戦っても、まず勝ち目はない。

［もう一人の自分］を、自分の審査員や裁判官にしてしまっている人というのは、何か失敗するとダーッと落ち込みます。

(だから言ったじゃないの。人前で恥かいて！　もっと、ちゃんとやれないの！)と、［もう一人の自分］から責め立てられるんです。だから、落ち込む。周りの人は、別に何にも言ってなくてもね。

そして、ちょっとうまくいくと、必要以上に鼻が高くなります。背後からハヤシ立てる自分がいるから。

こういうふうにやって、日々生きている人を、**自分の人生を生きている人**と言えるでしょうか。**もう一人の自分に支配されている人生**ですね。

◎幸せは選択できる

暮し向きも安定した。外国旅行にも行った。

（でも、それで幸せと言えるのかしら？）

今まで、損になることは一切してこなかった。

得になることは、全部やった。

（でも、これでオレは幸せなのか？ **得すること**と、**幸せになること**は、イコールではなかったのか？）

自分の心を観はじめる人が、どんどん増えています。


私は、いつも聞くんです。

「皆さん、何のために生きているんですか？ どうなりたいんですか？」と。すると、

「そんな難しいこと聞かれても、わからない」という返事が、返ってきます。

「どうして？」

「学校で習ってない」

いや、これホントの話です。

世界史もやった日本史もやった。物理も化学も高等数学もやった。でも、「あなたは、どうしたいの？　あなたは、どう生きたいの？」と聞くと、「習ってない」。


私ははっきりしています。

幸せになりたい。

幸せになるために、生きています。これが私の選択です。

私たち生きている者みんなにとっての最初の選択は、**生きるか死ぬか**、です。

私は、生きることを、選んで、います。だから、毎日狂ったように生きています。


この間も何人かに聞いてみたら［生きる］ということを選んでいない人が、多いんです。だから、半分死んだようにしか生きていない。

これは、「**幸せになりたい**」ということが、自分の中ではっきりしていないからです。

選択ができていないんです。

今、これを読んでいる皆さんも、「今日これを読む」ことを、ご自分で選ばれました。他にいっぱい用事もあるでしょうし、これを読まなければ、違うことができたでしょう。テレビも見られるでしょう。楽しいこともいっぱいできるでしょう。

しかし、ここに来ることを選択して、ここに来られた。

「いや、オレはイヤイヤ誘われて来たんだ」と言っても、ダメです。縄で縛られて引きずってこられたのではないんでしょう。

定刻に来ることも、5分遅れて来ることも、30分早めにお越しになることも、全部、自分で選んで、そのとおりにされています。それが選択です。

人生は選択から始まります。

いや、**いつもいつも、自分の選択によって、私たちは生きている**のです。

ただ、そのことに自分で気づいているかどうか、です。

◎ 人生は選択の連続

この絵、何に見えますか。

しゃれたシャンペン・グラスですか。それとも、非常に接近している二人の人間の顔ですか。どちらにも見えます。どちらにも見えますが、両方を同時に見ることは、できませんね。

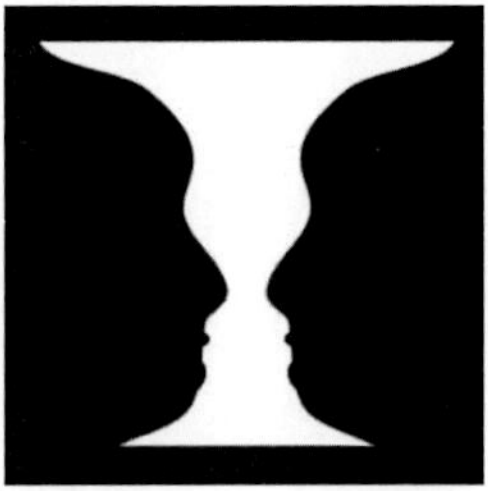

グラスに見えたら、グラス。人の顔に見えたら、人の顔。私たちの意識は、必ず一つを選びます。両方同時は、無理なんです。**私たちはいつも何か一つ選択して、生きている**のです。

たとえば、皆さんが、今ここにいらっしゃるということは、今はここ以外の場所にはいないんです。映画館でもなく、レストランでもなく、ここ。

それが、今日の皆さんの**人生の選択**です。人生を、明るく肯定的に考えていくか、つらくて苦しいものとして考えていくか。私たちは自分で選ぶことができます。

（へえ、ホントかな?）と思う人は、「すでに今、自分は、自分の選択をしているんだ」

ということに気づいていない人です。

たとえば、私たちは、5分ほど前にこの部屋に入ってきましたね。そのとき、何が目につきましたか？

（あ、墨絵が掛かっているな。これは中国のものだな）絵に関心のある人はそうでしょう。（あのクーラーは○○型だな。去年の型だな）電気屋さんなら、そうでしょう。

庭の植木に目が行く人、会場費を計算する人、子どもなら、（おっ、ここなら相撲取れるな）となるでしょう。

人は皆、それぞれの意識で、選んでものを見ています。聞くものも、感じるものも、自分の意識で選んでいて、意識からはずれたものは、見えない、聞こえない、感じないんです。人は誰でもそうです。だからこそ、生きていることは、誰にとっても「自分の選択」の連続なんです。

この事実に気づいたところから、人生は俄然面白くなるんです。

明るく生きることも、暗く生きることも、自分で選べるようになるんです。

◎ 人生を変えるには

皆さんのなかで、今の自分の環境、つまり自分の人生に、すっかり満足されている方、どのくらいいますか？

ちょっと手を上げてみてください……あれれ、一人も手が上がらない。皆無ですか。

では、自分の人生を変えるには、何を変える必要があると思いますか？

人間は習慣によって生きる、と言われています。思い当たるでしょ。

人にはそれぞれ、数限りない習慣があります。では、その中で、どんな習慣が、自分の人生の満足の障害になっているのか？

いや、その前に、一体全体自分は、どんな習慣をもっているのか？

これに気づかないと、人生なんて、変えようがないですね。

◎習慣のカラをこわしてみる

「どうしてもタバコがやめられない」と言う人がいます。

外に出るときは、ネクタイを締めていないと、「自分が自分でないようだ」と言う人がいます。

「この長髪を切るくらいなら（男の人ですよ）就職なんかしなくてもいい」と言う人がいます。

こういう人たちは、単にタバコ、ネクタイ、髪形に限らず、万事について、自分の習慣にガンコです。

自分の人生に、今までとの［違い］を作っていくことが、できない。その上で、「何か面白いことないか？　目新しいことないか？」と言われても困るわけです。

どんな小さなことでも、**一日に一つ、今までの習慣のカラをこわして、新しい［違い］を作っていく**と、人は一ヵ月ですっかり変わります。

タバコにしろ、ネクタイにしろ、それ自体がよい悪いではなく、どちらが主導権をもっているか、ですね。タバコが、ネクタイが、長髪が、つまり習慣が、その人をコントロールしているのか。その人が、自分の生活を自由にコントロールしているのか。

習慣にコントロールされていると、いつも、自分の半分しか見えないんです。タバコを吸わない自分や、ネクタイをはずした自分を、知ることができないんです。

タバコを楽しみたいときは吸う、やめたいときはやめられる、という自分、ネクタイについても長髪についても、それらを**自由に使いこなす自分**を、生涯知ることができないんです。

◎自分をワナに掛けないで

気づくということが、これまたドえらいことでしてね。

というのは、人というのは、**自分がもうできるようになったこと**については、(当り前のことだ)と思うんですが、**まだできないこと**は、(それは異常だ)と思うものなんです。

気づくというのもそれと同じで、気づいてしまえば当り前、それまでは（そんなのアリ？）と、なるんです。

たとえばですよ、

（疲れているから、不機嫌になる）とか、

（昨夜ほとんど眠っていないから、今日はイライラする）とか、
こういうことは、本当はないんです。いかがでしょう？

何かのせいでこうなっている、こうなっても仕方がない、というのは、ないんです。

よいとか悪いとかでなく、心が未熟だとかナントカではなく、根本的に、そういうことはこの世にないんです。

大変ですね。大変だけど、そうなんです。

もし、（疲れているから、イライラする）のなら、スポーツをしてクタクタに疲れて、（あーあ、いい気もち！）という経験は、どうします？

汗水流して働いて、（あーあ、スッキリした！）ということも、あるでしょう？

疲れは疲れ、イイ気分はイイ気分、イヤな気分はイヤな気分、ただそれだけなんです。

［疲れ］と［イヤな気分］は、関係ないんです。

それを、関係づけてしまうというのは、そうやって、自分で自分をワナに掛けているだけなんです。そこに気がつくかどうか、で、人生は根こそぎ変わってきます。

◎ 過去にさよなら

成長の裏には、いつも、さよならがあります。

子どもが小学校に入った、ということは、もう純度１００パーセントの「うちの子」ではなくなった、ということですね。その子はもう、「〇〇小学校一年〇組の誰それ君」でもあるわけです。

長じて、社会人になったときは、もう学生ではなくなる。結婚した、というときは、もう独身でなくなる。

人は誰でも、人生の新しい一歩を進めるたびに、今までの自分とさよならしています。

ところが、さよならができない人って、いるんです。結婚したのに「独身」とサヨナラできない人がいて、これ、大変なんです。何かと問題を起こすんです。そして、自分の力では解決できなくなると、「もう家に帰ります」実家って言わないんです。いつまでたっても、うちなんです。親は親で、結婚式の日に言っているんです。

「イヤになったら、いつでも帰っておいで」

娘に言うだけじゃないんですってね、新郎の母親も、「ボクちゃん、イヤになったら帰っておいで」と言っている。

自分が人生の新しい一歩を踏み出したときは、同時に、今までの自分と別れているのだ、とわかっていないと、いつまでも過去を引きずってしまいます。

毎年毎年一つずつ歳をとるのに、自分が人間として成長しているのかどうか、さっぱり確信のもてない生き方に、なってしまいます。

◎ 何かをずっと背負っていると……

肥満体の人って、肥満の苦しみがわからないんですってね。たしかに、ものごころついた頃からずっと肥満だったら、わからないでしょうね。

それが、断食をしたりしていろいろして、痩せてみて、初めて、(あー、肥えてるって、メタメタ苦しいことだったなあ)とわかる。そういう体験談を聞きます。

人間は、何かをずっと背負っていると、自分が何を背負っているのか、わからなくなるんですね。

◎ 人生の責任

「お客さんが来たら、静かにしてるのよ!」

と言われて育って、人見知りのくせがついた人は、いくらでもいます。人前でだけ猫かむりの「おとなしくて、いい人」になる人は、いくらでもいます。

「勉強しなさい」と言われたから、勉強しました。

「給食は全部食べなさい」と言われたから、むりやり全部食べました。お母さんに愛されるために、何でもしてきました。

そして、二十歳になったら、

「あなたの考えはどうなの？　自分の考えをもっていないの？」と言われてね。タマったもんじゃありません。


あなたの人生が、もし今、うまくいっていないんでしたら、それは全部、親が悪いんです。親だけでは足りなければ、学校の先生も、親戚のおじさんもおばさんも、あなたの周りにいた大人たち全部が、悪いんです。

「私の人生がこんなふうなのは、親のせいだ」と言って生きていっても、いいんです。それは、事実です。

それはそれで、迷いのない人生です。

でも、過去は過去として、置いておいて、

(自分の今の人生は、自分の責任で生きていく)と考えて生きていっても、いいんです。

自分はどちらを選ぶかだけです。

◎死は生の極

死は、生の終わりのピリオド、ではありません。

たった一つしかないこの尊い命を、何のために燃焼しつくすか——

それが、死です。

◎私がここに来られるのは……

私が今日ここに来て、こうして皆さんと会っていられるのは、八十歳に近い私のおふくろが元気でいてくれるから、です。そうでないと、私はここに来られません。子どもも、そうです。私の子どもたちが、元気で、いつものようにヤンチャやっててくれているから、私は来られる。遠い親戚の人まで、元気でいてくれないと、来られない。

私がちゃんと約束を守って来た、なんて、とんでもない話です。

みんなに支えられて、本当にサーカスみたいに、綱渡りみたいにして毎日生きている。
そして、今日はここに来ている。そんな気がするわけです。

仕事ができない、もっともっと
しなければと思っているあなたへ

何が自分にとっていいか、
どうしているのがいいか、
何をしていないのがいいか、
それは、自分の成長とともに変ってきます。

◎向上心の言いわけ

人は、(成長しよう) という向上心と同時に、(怠けたい) という気もちも、もっているんですね。怠惰心、というのを。

もってはいるけれど、その怠け心を自分のものにしたくないので、それが出てきたときは、すぐさま言いわけをしようとします。

会社に5分遅刻すると、

「今日は、いつもより早めに家を出ようとしていたのよ。でも、今から出るというときに電話があってねえ、それがまた、長い電話なの。以前、世話になった人だから、ガチャンと切るわけにいかないし……それで、ようやく電話が済んで、バス停まで、私、走ったのよ。そしたら、ちょうどバスが行ったとこ。今朝のバス、いつもより一分ぐらい早かったみたいよ」とやる。自分は全然悪くないんですね。悪いのは、全部まわり。

それは、「私、怠け者なのよ」とは言いづらいから、ですね。いかに自分が怠惰ではないか、について、延々と言いわけをしたくなる。これを、正当化といいます。

人は、始終言いわけをしています。自分を正当化して、人に［説明］しています。人への［説明］だけで、人生のほとんどのエネルギーを使っている、と言えるほどです。

なぜ、そうするのか？

裏に向上心があるから、です。怠け心に溺れ込みたくないから、です。

◎正当化をやめたら

私も、人に、向上すること、成長することを勧めているわけですが、人はたいがい、誰かしらに向かって、向上を勧めています。

家庭でなら、まず子どもに、

「もっとがんばりなさい」と言っている。夫婦も、お互いに言いあっている。

「あなた、もっとしっかりしてください」

「お前こそ、もっとちゃんとやれ」

職場でも学校でも、部下や後輩に「もっとがんばれ」と言っている。

しかし、言っている自分の方にも、怠け心がある。私にもあります。そこがつらいところです。

自分にも怠け心があるのはわかっていますから、正当化はますます巧妙になる。子どもに「勉強しなさい」と言っておいて、自分は「映画に行ってくる」とは言えませんから、「ちょっと用があるの」。映画だとバレても、「カルチャーセンターで観る映画なのよ」。

知恵を絞って、正当化します。

正当化というのは、つまりは、「なぜ私はそれができないか」の事情説明ですから、それを続けているうちに、

［できなくても仕方のない自分］が確立して、ついには、

［自分に自信のない人］が仕上がります。

向上心があって、本当に欲しいものがあるのに、それを手に入れる自信がない、という人になってきます。

そういう自分を、また正当化すると、

（人生って、こんなもんじゃないの。
人間って、こんなもんじゃないの）……。
でも、そう言っているときは、悲しそうですね。

正当化にストップをかけるには、自分が正当化していることに気づく必要があります。

私はずっと瞑想をやっています。すると、私の中から怠惰がどんどん消えていきます。

人は、正当化をやめたぶんだけ、怠惰心が消え、疲れなくなって、健康になるんです。

言葉で言うと、アッケナイくらい簡単でしょ。でも、そうなんです。

◎スムースにものごとが運ぶのは

ものごとが
流れるようにスムースに運んでいるときほど、裏には、完成度の高い理論があります。

◎ 生活力

生活力、というのは、
人に、上手に、ものを頼める力（力量）のこと。

◎ わかっている人

わかっている人は、見てなくても、観ています。

わかってない人は、見ていても、観ていない。

わかっている人というのは、
相手の本質を観ているから、今何をしているかで惑わされないんです。

今日の態度がどうだとか、昨日気に入らぬことを言ったとか、そういうことにとらわれないんです。

◎がんばらないで、ただ、やる

次の話は、

「がんばらないで。ただ、やりましょう」――です。

だいたい、人が、がんばっているときって、息が止まっていますね。

私たちは、いつもがんばって、緊張の中にいて、呼吸がほとんど止まっているんです。

何も、息をひそめて生きていかなきゃいけないほど、悪いこと、していないのにね。

「ただ、やる」というのは、とてもスムースで、長続きして、自分の本当のパワーが出ます。ちゃんと息をして「ただ、やる」からです。

◎パワーが分散していませんか

人は、［いま・ここ］にいるとき、もっとも高いパワーを現します。

ここにいながら、昨日にいったり、明日にいったり、後悔したり、不安であったりすると、今ここで使えるエネルギーは、本当に微々たるものになってしまうんです。

その微々たるエネルギーを使って、人に優しくしようとすると、大変な負担です。デートや遊びすら、つらい仕事になってしまいます。

よいとか悪いの問題ではなくて、それでは、生きている喜びを味わうことなく、人生が過ぎていってしまうです。

◎ ［考え］がここにあるか

私たちの体というのは、いつでも、［いま・ここ］にいます。［いま・ここ］にしか、おれません。ところが、［考え］は、体と離れ離れになって、どこにでも行く。

これを、分裂といいます。

分裂が悪いわけではないのですが、この分裂からくるものが、恐れであり、不安であり、イライラです。逆に言うと、［考え］がキチンと［いま・ここ］にあると、恐れ・不安・イライラは、ないんです。原理は簡単なんです。

それなら、［考え］をあっちこっちに動かさずにおればいい、自分の心のエンジンを切りたいときには切ればいい、それくらいのことなら簡単だ、とおっしゃる人は、よほどの楽天家か、達人です。

◎他のことはあきらめる

あきらめるという言葉は、もともと悪い言葉ではないんです。それどころか、大変すばらしい言葉なんです。

物事を明らかにする、という意味の「アキラシメル」が、短くなって、アキラメルになったんだそうです。

今ここにいる以上は、もう他のことは、あきらめなさいということです。

自分の選択には、自分で責任をもちなさいということです。

あなたの人生は［いま・ここ］にあるんだから、それを受け入れない限り、何も始まりませんよということです。

◎イヤなイメージから離れる

［仕事］と聞くと、皆さんは、パッとどんなイメージをもちますか？

「仕事しなさい」とか「これは仕事ですよ」と言われると――。

だいたいの人が、仕事については、［やらねばならぬこと］という負担感をもっています。なぜか？

きっと、子どもの頃に聞かされたんです。

「お父さん、キャッチボールしよう！」

「ダメだ。今日は仕事があるから」。これを、怖い顔して言うんですよね、大人は。これ以上有無を言わさない迫力で。

お母さんが、お父さんに言っています。

「あなた、お仕事大変ね。疲れたでしょう。たまには休んでね。あら、明日も残業なの、大変ね」

これを聞いていれば、誰だって、
(仕事って大変なんだ。つらいことなんだ。ボク、大きくなっても仕事だけはしないぞ)
と、思いますよね。

こうしたイメージが、しっかり頭の中に入ってますから、今も［仕事］と聞くと、「なーんだ、また仕事か」となる。

しかし、本当に［仕事］ってイヤなものですか？　もし、自分の仕事がこの世に何ひとつなかったら、どうでしょう。

私たちは、［仕事］というイメージにとらわれているんです。これも、一つの執着です。

執着から離れると、
「自分にできることは、全部する」、それだけです。そういう人は、何もないときはノンビリ休んでいられるんです。

◎ 心の強い人とは

「キミ、よく働くねえ」と言われて、

「あら、嬉しい。見ててくれたんですね」と受けられる人は、心がすこやかなんですね。

そして、心の強い人は、ホメられると、ちゃんと喜んだうえで、そのことに影響を受けないんです。

影響を受けるというのは、

(あら、嬉しい)、ここまでは同じ。次が違う。

(ホメられたからには、もっとがんばらなきゃ)。自分のペースが変わるんです。ひとつ間違うと、負担になります。自分の呼吸を忘れます。

私たちは、毎日いろんなことを体験します。体験というのは、五感でします。どんな事がらも、聴覚・視覚・嗅覚・触覚・味覚から入ってきます。

五感から入ってきた体験が、心に映ります。

心とは、鏡のようなものです。何でも映します。

心の強い人とは、［心は鏡］と知っている人です。バラの花が映ればバラの花、汚物が映れば汚物、それだけのこと。影響を受けない。

「キミ、よく働くね」

「あら、嬉しい。どうもありがとう」。これでオシマイ。

◎ ヘタはヘタなりの味

「日常の中の旅」とでも言いますか、まだやったことのないことをする、ということがありますね。


たとえば、人前に出て一時間話をする、というようなこと。いかがですか。

(私はそんなこと慣れていないから……) と言って、尻ごみする人もいるんですが、もし、物事万事、慣れたらうまくできるようになるというのであれば、お年寄りは全員、人生の達人になっているはずですね。

ところが、豈はからんや、でございます。

私に言わせてもらうなら、物事に慣れたら、慣れた味があり、慣れていないうちは、慣れていない味がある、いい表現ですね。

慣れれば慣れるほど、ふてぶてしくなる人もいるし、鈍感になる人もいるし、上手になる人も、います。

結局、慣れるということと、うまくいくかどうかは、関係のないことです。

◎ 自分を守ろうとする人

皆さんは、たとえば上役の人から、「キミ、よく働くねえ」と言われたことありますか？　ある人は、あるでしょう。ない人はないでしょう。

どう感じます？　人からホメられたとき。

ホメられたことなんかない、という人は、空想してください。

人によってはね、

「そんなにホメてもらっても、私これ以上働けません。期待しないでください」

と不機嫌になるんですよ。

そういうやり方で、自分を守るんです。

(私にこれ以上近寄らないで) というメッセージを、発信しているんです。

こういう人が、その傾向を強めていくと、次はガンコになります。

(私は、私のやり方でいくの。放っといて) という気配が、体じゅうから出てきます。

それでも済まないと、ガンガン勉強します。ガンガン努力します。ますますヨロイを固めるんです。そして、

(私は正しい。悪いのは、あなたたちだ) ……。

誰も、その人を責めたりしていないんですよ。それなのに、そこに行ってしまう。

どうしてか?

その人には、傷があるんです。心に痛みがあります。それがどんな傷なのか、本人が気づかないと、何も変わりません。

ブリッ子の人、登校拒否児、すぐ病気になる人、みんな同じです。(私に近寄らないで。私をそっとしておいて)と、言っているんです。ブリッ子になることで、学校に行かないことで、すぐ病気になることで、自分を守ろうとしている人たちです。

鋭敏な神経をもっていると、傷つくことが多いので、鈍感になっていきます。目も悪い、耳も遠い、鼻も利かない……そうして自分を守ろうとします。

それほどまでに、人は、自分を愛しているんです。

◎自分のシンドサを認めてほしい人

仕事をしていて、

「もう、これで限界じゃないかしら。これ以上は耐えられないんじゃないかしら」と、[考え]がそこに行けば、もう耐えられないに決まっています。

結論は出ているんです。「耐えられない」んです。ただ、そのことを人に言って、同意を得たいだけ。

それは、最初から、
(これは、大変なことなんだ。シンドイことなんだ)と思ってやっているから、いつになったら「私、もう限界よ」と言っても人が認めてくれるか、そのチャンスを狙っているだけですね。

人生って、そんな［忍耐ゲーム］ではないんです。別に、あなたの忍耐力を審査している人なんかいないんです。いるとすれば、それは、あなたの中にある［考え］が、あなたを審査しているんです。

「もう耐えられません」と言って、やめる人は、まだいいんです。それを耐えて、忍んでがんばろうとする人は、必ず、
「いつか、この恨みは晴らしてやる」が、体に溜まってしまいます。

◎クレームのこない人生なんてない

人からクレーム（苦情）のこない人生なんて、ありえません。

クレームを上手に処理できる人が、リーダーになる人です。一番大きなクレームを処理できる人が、トップです。

文句言いに来たのに、帰るときは友だちになってた、なんてよいですね。

楽しみながら、処理していくんです。

◎意識のあり方によって

ちょっと面白い話を聞きました。

一つはお医者さんの話で、

「自費で病院に来ている人は、治りが早い。保険の人は、治りが遅い」と言うんです。

もう一つは、あるメーカーの社長さんから聞いたんですが、

「時間給で働く人は、夏は暑いの、冬は寒いの、文句ばっかり言っているが、出来高払

いの人たちは、そんなこと一切言わない。真剣に働いている」と言うわけです。

人間の差ではありませんね。

人は、意識のあり方によって、まったく違ってしまうんです。

◎できないの？　やらないの？

「できないという言葉を使っているとき、止まって観なさい」——という話です。

「できない」というのは、「私は無能だ」と言っていることなんです。

「できない。できない。私そんなことできない」と言っている人は、「私、無能。私、無能。私まるで無能な人なの」と言ってる人です。

もちろん、この九階のビルから飛び降りる、ということは、できません。太平洋をサンフランシスコから泳いで日本に帰ることも、できません。そういうときは「できない」んです。

ただ無意識に「できない」「できない」と言ってるのだったら、「できない」という言葉は使わない！　といったん決めてみたら、どうでしょう。すると、それは、「できない」ことなのか、ただ自分が「やらない」だけのことなのか、どちらかわかってきます。

◎自分の中の「子ども」

いつも笑顔でいる人って、いますね。

自分の中にある「チャイルド・子ども」を、大事にしている人です。

笑顔がきれいで、みんなから好かれて、冗談が好きで、忘れものが多くて、間抜けで、かわいらしくて、健康で。

こういう人は、大きな事業もやれるし、成功者になれる人です。

◎家庭がコケると会社もコケる

私は、仕事柄いろいろな人と会います。この間も、ある会社の部長さんと会っていたら、「どうも、最近の若い者のことが、わからん。学校を出てきたばかりの社員たちと、どう接触していいのか、わからん」と言うんですね。

こんな問題を解決するのは、簡単です。
その人は、自分の息子から学べばよいのですから。
人間関係の根本は、家庭にあります。

ある調査機関が、「倒産した会社の原因分析」を調べたところ、90パーセント以上は、社長の家庭問題に原因があった、そうです。
家庭がコケると、会社ごとコケてしまう。みんなも、会社にいったら、「どう、社長さん。ご家庭はうまくいっていますか?」と聞かないとね。オチオチ働けません。

◎叱るときには

叱る、というのも、「勇気づけ」の手段でなければ困ります。

叱ることが目的になった場合は、
相手の人格を利用して、

自分の恨みを晴らそうとしているんです。

◎自分の「分」を果たす

岐阜に栽松寺という禅寺があるんですが、そこの和尚さんが、

「なあ、高橋さん。むかし、陽海さんというお坊さんがいてなあ、いつも馬で駆け回るほどの活動家だったんだが、このお坊さんは、一生をかけて寺の門だけを作ったんだよ」

「へえー。門だけですか？」

「なあ、高橋さん。立派な門だけ建てて死ぬ人がいたら、残った弟子たちは何をすると思う？」

そうなんですね。残された人たちは、その門にふさわしい立派なお堂を作ることになります。


何もかもを自分でやろう、という気もちは、どこかセセコマしいですね。

いつも呼吸を忘れないで、自分の［分］を果たしていく——これ、すばらしい人生で

すね。そして、
これは、ダラダラやることや、目的を小さくすることではないですよ。
陽海和尚が、馬を飛ばして、命がけでやり抜いた姿を見ていたからこそ、お弟子たちもその志を継いで、立派なお堂を建立したんです。

◎風邪をひくのは……

風邪をひく人というのは、体の弱い人ではないんですよ。風邪をひいてもいい人が、風邪をひくんです。私は、たとえ風邪をひいても、それにコントロールされることはありません。月に30回も人前で話すんですよ。風邪ひいて休んでいたら、契約違反になります。

私ですら、そうです。世の中に「風邪なんかひいていられない人」は、たくさんいます。

でも、人は風邪をひきます。そういう人でも、ひきます。ひくけど、夜に風邪ひいて朝には治っています。そういうものです。

体が丈夫とか丈夫でない、という以前に、今、風邪をひいていた方が都合がよいと判断したときにそうします。意識がそうします。

◎悩みかテーマか

(瞑想もしている、ボランティアもしている。でも、悩みが消えない。悩みのない人生は、いつ来るんだろう)という悩みもあります。

悩みをなくするだけなら、実は、簡単なんです。人生に、目的をもたなければいいんですよ。目的があれば、必ず悩みは出てきます。人生は、痛みとともにあります。そこが、いいんです。人はみんな、そうなんですから。

誰しもが、「幸せになるんだ」という目的をもって、悩みとともに生きていきます。

しかし、自分の内側を深く観るようになると、悩みの質が変わってきます。

(自分は、どうしてこんなに背が低いんだろう。どうして給料が安いんだろう)

という悩みから、

(もっとやれないいかな。もっと人に喜んでもらえないかな)

という悩みに、変わってきます。

そして、さらに、

(目的はあるんだけど、目的に執着しない) というウルトラCができるようになると、すべてのことは、楽しみ・やり甲斐に変質します。そのとき、悩みは消えます。

目の前に横たわる問題そのものは、変わらないんですよ。それを、悩みと受け取るか、今現在のテーマとして受け取るか、それは、その人の［考え］方ひとつで変わります。

◎人事をつくして天命を待つ

「なるようにしか、ならないんじゃないの」って思い方には、二種類あるんですね。非常に無責任な人のそれと、とても誠実な人のそれ。うわべは同じでも、中身が違う、まるで違う、言うに言われぬくらい違うんですね、これが。

後者は、［人事をつくして天命を待つ］という人ね。口で言うだけの人じゃないんですよ。常に全力投球で、命がけでやっていて、そのうえで「なるようにしか、ならないんじゃない」って言う人。

これがまた、本当に真剣に生きている人って、不思議にそう言う。魅力的ですね。

人にとって命より大切なもの　それが「座」です。
生きていく上での　自分のポジション　です。
自殺の動機の99パーセントまでが　自分の「座」を守るため、
と言われていますが　私もそう思います。

愛に迷っているあなたへ

◎ 理解は体験で深まる

理解と体験の違いは、リスク（危険）のあるなし、です。

たとえば「愛について」話を聞いたり、本を読んだり、愛について「理解すること」は、簡単です。

しかし、実際に「愛する」という行動をし、体験すると、失敗するかもしれません。思ってもみなかった反応が、相手から返ってくるかもしれません。

そこに、リスクがあります。だから、深い理解は、体験を通じて深まります。

◎ 自分とは何？

自分とは、いったい何だろう？

これは、永遠のテーマだ、と言われています。ノンキな話ですね。

自分は△△ナニガシの息子だとか、○○会社の社員だとか、××大学の学生だとか、いろいろ答えがあります。
しかし、もっと根本的に、自分とは何かを観つめていくと、
自分とは、
「今、自分が考えていること、感じていること、それ自体だ」ということになります。
自分が幸福で、心がウキウキしているとき、
それが、「あなた」です。
自分が不幸で、みじめで、どうしようもないと感じているとき、
それが、「あなた」です。
他には、いません。
自分とは何か？　を考えているときは、
それを考えているあなたが、「あなた」です。
他には、いません。それだけです。
ですから、あなたという固定したものは、本当はないのです。
生まれてから〇〇年たった、という時系列的に連続してる「あなた」はいません。そ
れは、あなたの記憶です。

昔を思い出しているときは、

昔を思っている「あなた」だけが、

いるのです。

この先、〇〇年生きるだろう、という「あなた」は、いません。それは、あなたの想像です。

このことを仏教では、無常と言います。常ならず、常に固定したものはないんだ、と言っています。

「昨日、私を愛している、と言ったじゃない」というのはよくあるんですけど、

「そりゃ、あのときはな」、これまた、よくありまして、仕方ないんです。

昨日、好きだ、と言ってるのも、あなただし、今日、嫌いになったのも、あなたなんです。どちらも、本当なんです。

「あなた、私を幸せにすると言ったじゃない。三年も待ったわよ」と言ったって、お気の毒なんです。

だから、人に裏切られる、ということは、本来ありえないんです。

常ならず、無常なんですから。

◎ 人生は混乱の連続

人生は、いつも混乱の中にあります。

愛する人も事故に遭うし、死ぬし、食べものには防腐剤がいっぱい入っているし、大気は汚染されていくし、水も汚染されていくし、戦争は起こっているし……。

何もなくとも、自分はトシを取っていくし、会社の人や周りの人がよい人ばかりとは限らないし、人生は、混乱の連続です。

「だから、何なんだ。それが、何なんだ」と、それはそれとして、自分は自分の願望を実現させていく生き方、混乱を自分のこやしにして、花を咲かせていく生き方――。

人には、そのように生きていく潜在能力があります。

◎ 怒っている人の息は毒

非常に気もちよく息をしている人が、ファーッと出した息を、フラスコに採って、瞬間冷凍すると、フラスコの中は透明なままだそうです。

怒りに燃えている人の息を、同じようにフラスコで採り冷凍すると、栗色のカスが残る。ヒステリーを起こしている人の息だと、灰色になる。悲しみに沈んでいる人の息だと、カスは暗紅色になる。

この暗紅色のカスを、実験動物に注射すると、死んでしまうそうです。灰色のカスを打つと、動物もヒステリーを起こす。

私たちも、怒りの人、ヒステリーの人、悲しみに沈んでいる人の前にいると、栗色やら灰色、暗紅色の危険な毒素を浴びていることになりますね。

だから気もちよく息をしている人のかたわらに、いつまでもいたくなるんです。

◎目に見えないものの力

目に見えるものは、目に見えないものに支えられています。

目に見える光は、目に見えない不可視光線（紫外線、X線、そして赤外線、電波）に支えられていますし、この地球は、目に見えない力に支えられて、ポッカリこの宇宙に浮いています。

目に見えるものにだけとらわれることは、あまり意味がありませんね。

◎看護とは

人とうまくいっていないとき、

人からかまってほしいのに、優しくしてほしいのに、それが十分でないとき、

体の痛みは、すぐ極限まで達してしまいます。

だから、看護が必要なんです。

その人のことを、心から看（み）て、護（まも）ってあげる看護が大切なんです。

◎ 愛と憎しみ

「愛の反対は、憎しみではない。

愛の反対は、無関心です」

というのが、私の先生の一人の言葉です。

愛とは、関心を示すこと。関心を示すというのが、人の人格のすべてです。

関心のないところには、愛も憎しみも、ないんです。


愛は愛だけで存在するというのは、大きな誤解です。

愛と憎しみは、コインの裏と表。愛は、憎しみによって支えられています。だから、憎しみを伴わないような愛は、ありません。傷つかないような愛は、ありません。

人は傷とともにある、痛みの中に人生はあるんです。


痛みを共有できない人が、人を愛するなんて、できないんですよ。痛みを分かち会うことが、実は、愛なんです。

一緒に苦労するというのが、愛そのものです。

生活のない愛なんて、育つはずがないのは、このせいです。

私は、憎まれると、もうムチャクチャ喜んでいます。

（あっ、愛が芽生えるキッカケができたな）と。

もし、皆さんに愛が芽生えてないとしたら、それは、憎しみや痛みを避けて生きているからです。

◎誰もが善意に守られていた

しかし、誰にしても、今ここにこうしていられるというのは、この世界の善意の集大成ですね。

幼子って、二分間と目を離していられませんよ。タバコはかじるわ、縁側から落ちるわ、道路には飛び出すわ、屋上から身はのり出すわ……二分間以上放っておかれたら、命いくつあっても足りないですよ。

誰にも、そういう時代があって、誰かが、いつも見てくれていたんです。

多くの人の善意があって、私たち、ここにこうしていられるんです。

◎人生は修業の旅

よく、「修業の旅に出る」なんて言いますが、旅については、男より、女の人の方が、先輩ですね。

女の人は、数年間のうちに、どんどん呼び名が変わるでしょ。恋人時代に「○○ちゃん」と呼ばれていたのが、結婚すると名字も変わるし、子どもが生まれると、もう名前なんかなくなりますね、ただの「お母さん」。なかには、ただ「オーイ」と呼ばれている人もいる。

こうやって名前が変わるのも、旅なんです。

それから、女の人は、実家を出て、新しい家庭を作って、そうしているうちに実家は遠いものになっていって……人生ずっと旅です。

男の方が、旅をしていません。だから、いい女は、夫を旅に出すんです。夫が「どうしても行きたい。どうしてもやりたい」という場所に、送り出すんです。夫がグウタラだと、代わりに子どもに旅をさせる。

ただし、「いい大学に行きなさい」というのは、旅に出すことじゃないんですよ。あれは、むりやりエスカレーターに乗せようとすることです。

◎人

自分を傷つけたり
人を傷つけたり
そんなことばかりしている人でも
それは　その人が
もっとよい　生きる方法を知らないだけです
その人の価値とは　何の関係もありません

◎ 水に書く言葉

人の心を射るように、言葉を扱う人がいる。

岩に刻まれた言葉のように、それは、心から消えない。

砂に書くように、言葉を使う人がいる。

怒るときは怒っても、次の瞬間には跡かたもなく消えている。

水に書くように、言葉を使う人がいる。

静かで、平和で、愛に満ちていて、まったく跡には残らないのだけど、全身にしみ通ってくる。

◎ 愛されている人

今までうつむいていたのに、今まで心がふさいでいたのに、
ちょっとでもよいことがあると、パッと一瞬にして、一番いい笑顔になる人――
これが、愛されている人のポイントです。

そうできる、できない、の問題ではないんです。
愛されているかどうか、です、人は。

子どもの幸福を願うあなたへ

親が子にしてやれること　それは一つ、
「その子が　一人で生きていけるように　すること」
あなたが死んだ後も　子は生きるのです。

◎ 人生の勝負どころ

赤ちゃん時代から始まって、死ぬまで、人の一生には何度か［勝負どころ］のような時期があります。

まず最初は、おむつが取れて、最初のウンチをしたときです。

これは、大変なことなんですよ。

というのは、そのときのウンチこそ、その子が、生涯で最初に自分の力で作り出した生産物なんですから。

「まあステキ。よくやったわね」と肯定的に迎えられるか――

「ああキタナイ。どうしてこんなところにしたのよ！」と、否定的に扱われるか――

これが、人生の最初の［勝負どころ］です。


親から肯定的に迎えられた赤ちゃんは、そりゃあ嬉しいもんです。

(自分の力で、何かやるっていいな）と思います。言葉に出しては言いませんよ。

しかし、心の奥深くに、自分のことを自分でやる歓びが入っていきます。

その反対は、……考えただけでも悲惨ですね。

生涯に初めて、自分の力で作り出したものを、頭ごなしに否定されるんです。そして、赤ちゃんとしては、それについて、どうすることもできない。

（僕、今のままじゃイケナイんだ。自然に生きていてはイケナイんだ）

こういう情報が、心の奥底に叩き込まれるんです。そこからその赤ちゃんの人生が、スタートするんです。

前者の赤ちゃんと、大変な違い、でしょ。

◎ かけ引き教育

まだ幼い子がいて、その下に妹が生まれた。そんなときに、上の子が「幼児がえり」現象を起こすこと、よくあるんです。

自分の［座］を守るため、です。放っておくとお母さんの関心が妹の方にばかりいってしまうから、自分も負けずに幼くなる。

「お母ちゃん、チュッチュくだちゃい」なんて言い出すんです。

チュッチュってオッパイです。その子は、もう「お母さん」とも言えるし、「くだちゃい」ではなく「ください」と言えるようになっているんですよ。それでも、自分の[座]を守るためには、何でもする。

そこで上の子は、何と言われるか。

「もうお兄ちゃん（あるいは、お姉ちゃん）でしょ。そんなこと言って、恥ずかしいわよ」と、これですな。

すると、その子は、何を学ぶか。得たいものを得るには、ニコニコ笑って言ってたんじゃダメなんだ、泣いてワメいて強情張らなきゃダメなんだ、と学ぶんです。

だって、そのようにすると、「仕方ない子ねえ」なんて言われながらでも、願いがかなうんですから。

（そうか）と、思いますよね。欲求を通すには、泣きワメいて、それでも足りなければスネて、「もう死ぬ」なんてオドカセば一番有効なんだな、と。

これが昂じると、自殺未遂にまでなるんです。

こればっかりで育った人は、大きくなっても、人から善意をもらうのが怖いんです。

［かけ引き］の世界で生きてきたから、善意というものが信じられない。つい、（裏に何があるんだろう？）と思ってしまう。

別に裏にも何にもないよ、と言われると、ますます怖くなってしまうんです。

◎植物にも胎児にも感性がある

まもなく春、ですね。桜の季節ですね、いいですね。

桜といえば、関西では、奈良の吉野が古くから有名です。万葉集にもいろいろうたわれているくらいです。

この吉野の桜が、しばらく前から具合が悪いんだそうです。だいたい桜の樹というのは、切り傷をつけられたり、折られたりすると弱いんですが、近頃の人はお行儀がよいので、そういうことはしない。では、どうしてかというと、カラオケなんですって。花見のとき、満開の樹の下に来て、みんなが歌うガナるの大騒ぎ。これがダメなんですって。

学者がちゃんと調べたんです。

部屋を三つ用意して、各部屋に花のついた鉢植えの樹を置き、音楽を流す。一つの部屋は、ハードロックをかけっ放し。これ、枯れるそうです。もう一つの部屋は、瞑想のときの音楽。成長が最高によい。最後の部屋は、ウェスタン音楽。これはもう、毒にも薬にもならん。まったく影響ないそうです。

それから、胎児にも音楽を聞かせて調べた人がいます。イヤな音楽がかかると、赤ちゃんは、お母さんのおなかをボンボン蹴飛ばす。好きな音楽だと、ただスヤスヤ眠る。何がイヤな音楽かというと、実は、ベートーベン。あれ聞くと、おなかをボンボン蹴飛ばす。赤ちゃんのお好みは、モーツァルトですって。

こんな風にして、植物にも胎児にもちゃんと感性があることが、わかってきています。

◎ 心は声にあらわれる

「心清き人　声に香りあり」

と言ったのは、良寛さんですが、声には、その人の心の状態が現れていますね。

子どもに「おはよう」とひとこと言ったときの、自分の声の響き、高さ、つや、ひろがり、こういう点を自分で観てみると、自分の心の状態がわかります。

いつも自分の声を自分で観ていると、いつも自分自身を観ていられます。

自分の声に関心をもっていると、相手の声の変化も、すぐわかりますね。自分の子どものその時々の状態くらい、瞬時に見抜けます。

◎子どもがケガをするのは……

瞑想の効果の一つとして、直感が鋭くなることがあげられます。

自分の潜在意識がクリーンになるので、そのぶん、人の潜在意識を、すっと読み取れるようになるんですね。

たとえば、子どもがケガをしたとき、(あっ、この子は、もっと見守ってもらいたがっているのだな)と、インスピレーションが働きます。

そうなんです。子どもは、ケガしたくてするのではないけれど、もっと自分を見てほしいとき、もっと愛してほしいとき、よくケガをします。

爪を切って深爪したときでも、トゲ一本入ったときでも、それが子どもからの信号のときが多いんです。それを読み取れるかどうか、は、こちらの心がクリーンかどうか、です。

◎ 与えられる側には不満が出る

今の子どもたちの胸の内には、怒り・恨みが溜まっています。

私も、親の一人です。私たち、いったい子どもに何をしたんでしょうね。そんなに恨まれるようなこと、したんでしょうか。

今は、中学生になると、全体の四割の子は、自分の個室をもっているそうです。ステレオをもって、時計をもって、自転車をもって、次はオートバイが欲しい、と言っています。

すごく豪勢ですね。

「キミ、年収はいくらあるの?」と、聞きたくなります。

もちろん、みんな、親が与えたものです。がんばって働いて、惜しみなく与えてきたものです。それなのに、なぜ恨まれるんでしょう。

今の子は、魚を食べたがりません。

「ねえ、肉ばかりでなく、魚も食べたほうがいいよ」と父親が優しい口調で言います。

「じゃあ、食べてもいいよぉ」と、子が言います。

「お母さん、お母さん！　この子が、魚も食べてくれるってサ」

時代は、これです。

私の子どもの頃は、魚といえば、盆と正月と祭りの日のご馳走でした。

「今日は、魚を食べさせてやるぞ」と言われていました。

今は、違います。お母さんが、「お魚も食べてくれるの！」と言って、イソイソと子どもの前に焼き魚を出します。すると、子どもは、「この魚、骨があるね！」。

それだけでは済みませんよ。

「目玉がこっち見てるのが、気もち悪い」

「この魚、身が見えてるじゃん。フライにしてよ」……。親は、子の注文に応じて、次々と与えていきます。すると、「もう、魚はアキちゃった。肉にして」。

親は与えて与えて与えていきます。子は、注文して注文して、与えられ与えられしていきます。

そして与えられる側には、必ず不満が溜まるんです。理由は、二つあります。

一つは、いつもいつも100パーセント自分の満足がいくように与えられることなんて不可能だ、ということです。

私たちにしても、そうです。

レストランで注文して、料理が出てきます。（アレ、言ったものと違う！）、これ、怒りますね。

それから、（この料理、冷えてるじゃないか。カタいじゃないか、柔かすぎるじゃないか、辛いじゃないか、甘いじゃないか。時間がかかりすぎているじゃないか）

与えられる側には、いつだって、不満のタネが山ほど用意されているんです。

もう一つの理由は、そもそも［与えられる］ということです。

「あなた、ネクタイはこれ、シャツはこれ、ベルトはこれ、靴はこれにしてください」
「お前、これが食費、これがローン分、これが教育費、これが旅行積み立て、ちょっと家計簿見せてごらん」とやられると……。

与え続けられる側には、必ず不満が溜まります。それが、恨みになって出てくるんです。

◎与えられる側はひよわ

与えられる側は、常にひよわです。
理由は簡単です。与えられなくなったら、死ぬからです。今の生活が成り立たなくなるからです。

与えられている側は、それを知っているから、不満と同時に、おびえをもっています。

◎ 子どもから与えられるチャンスを作る

朝、息子に、

「釣りに行かんか?」と言ってみました。

息子は、キョトンとしています。そして、

「今日、水曜日だよ」。

ようやく日曜日になって、二人で出掛けました。以来、うちの息子は、もう釣りに夢中です。魚のことなら、何でも知っています。

釣って帰ってくると、「かわいそうだな」とか「惜しいな」と言いながら、食べます。魚の骨なんかシゲシゲと観察しています。たくさん釣れた日は、胸を張ってね、「みんなも、食べていいよ」とおやじみたいな顔します。

彼は、魚について、与える側に回ったんです。

自分が子どもに与えることばかり考えないで、子どもから我々が与えられる、というチャンスも作ってください。

と言うと、エラク格好いいですけどね、うちの場合は、親が、子どもに遊んでもらうのが好きなだけです。

◎人は狂うとき狂わないと……

小学校五年生くらいから、中学校二年生くらいの間、というのは、人生の［魔の時間帯］です。

これは、親でも想像ができないぐらい、子どもが変わる時期なんです。また、変わらないと、問題なんですね。

小学校五年から、中学校二年の間に、何もない、なんていうのは、もうダメ、ですよね。大人になると、狂っちゃいます。保証してもいいですね。

この時期を、狂わないままに通過した子どもは、本来は、そんな子どもなんて、いるはずないんですよ。親が鋳型にはめ込んで、狂わせないようにしてしまうんですが、そういう子は、自分のことが、表面しかわからなくなってしまう。

すると、人間というものが、表面しかわからない大人になってしまう。

何でも［わからないもの］って、人は怖いんです。

そうでしょう？

夜道を歩いていて、ユラッと揺れるものが怖いのは、それが、何だかわからないからです。隣の家の洗濯物だ、とわかればね、怖くもなんともない。

自分のことが、本当は、わからない。

人間のことが、わからない。

そういう子は、人間を、ムチャクチャ怖がる人になっていきます。

狂うとき、狂わないと、ダメなんですね。それを、愛情でもって見守っていかないといけない。

これが、愛なんです。

狂わせないのが、愛じゃないんです。

狂わしてあげる、それを守ってあげるのが、愛です。

◎子どもを支配するお母さん

小学校五年くらいから、中学校二年くらいまでが、どうして「魔の時間帯」かと言いますと、その時期、人としての「気づき」が始まるからです。

それまでの子どもというのは、だいたい、いい子、なんです。どういう意味でいい子か、と言いますと、子どもは親の支配下にいます。だから、親は、安心です。いい子、というのは、そういう意味です。支配しやすい、だけ。

たとえば、朝起きるときから、支配です。

「時間だから、起きなさい」

起きるやいなや、「顔を洗って歯をみがきなさい」「早く食べなさい」「学校に行く準備をしなさい」「お弁当はもったの?」「早く帰ってきなさい」――これを言います。

ということは、どういうことかと言うと、子どもは、何も考えなくていい。(自分がヘタに判断して何かやると、お母さんの気に入らないのだから、言うとおりにしとけばいいや)、と思うようになる。

お母さんはお母さんで、

(うちの子は、素直だ。私の言うことは、ハイハイと聞く)と、安心している。

◎なぜ「主婦はいつも正しい」のか

主婦というのは、別名［歩く警報機］と言われていますね。

だいたい子どもの後について、「どっち向いてるの？　前向いて歩きなさい」。

足が水たまりの中に入ったら、「ちゃんと下見ないと、危ないでしょ。何してるの」。

(前向いて、下向いて、どないしたらええんや……)と思ってコケたりしたら、「だから言ったでしょ。危ないよ、危ないよ、と言ったでしょ」。

あれだけ言ってれば、どれか当りますよね。

すると、すかさず、「だから言ったでしょ」。

主婦は、いつも、正しいんです。

皆さん、笑って聞いてますけどね、(オレは、もう子ども時代は終わったから)と安心してるんでしょ。

しかし、そうは、まいらぬ。まあ、結婚してごらんなさい。昨日までお母さんに言われていたことが、明日から、また始まります。

たとえば、私が「腹が痛いや」なんて言ったら、「だから言ったでしょ。飲み過ぎちゃいけないいって。いつも言ってるでしょ」

「ちょっと頭が痛いなあ。風邪気味かなあ」と言うと「だから言ったでしょ。お風呂から上がって、裸でウロウロしてちゃダメって、いつも言ってるでしょ」。

全部、そのとおりなんですね。

どうして、ああまで、「主婦はいつも正しい」のか。

これは、永遠のテーマです。

◎「もう大人でしょ」

しかし、お母さんの黄金時代も、子どもが、中学二年になるくらいまで。そこで何が起きるか、というと、だいたい親は、子どもの勉強についていけなくなります。今の子どもの勉強のレベルは、ムチャクチャ高いといいます。私は、子どもの勉強を見たことないです。

それから、この時期、子どもは、急速に大人になっていきます。だいたい中学一年生くらいになると、週に二回は夢精をする。健康ならば、当然、オナニーを覚えてくる。両親が何をしているか、なんてちゃんと知っている。知らなきゃ、アホだ、とまわりの子から言われます。

そこで――

(大人ってキタナイもんじゃないか。何、気取ってるんだ。バカタレが)というのが潜在的に傷として出てきます。

これ、いたしかたない、ことなんです。人が、大人になっていく過程です。

母親が、カッコイイことを言えば言うほど、（このバカが）というのが出てくる。当然なんです。

子どもは純粋ですから、夫婦になれば、セックスをするものだ、と頭ではわかっても、感覚的には、フケツである、と思うんです。ジェラシーもあるんです。

そこで、親は、急に何と言い出すか。今まで、あれこれ命令して支配していたのに、ある日突然、もう子どもについていけない、とさとった瞬間から、「あなたは、もう、大人だから」って言うんです。

子どもは、大変な傷を負います。ズタズタになります。

そりゃあそうです。それこそ、ホントに、昨日まで「ああしろ、こうしろ」と何から何まで教えてくれていた親が、今度は、

「それくらいのこと、自分でやりなさい。それくらいのこと、自分で考えなさい。もう大人なんでしょ」

子どもには、そんな準備は、できていません。そんなふうに育てられていませんからね。だから、いろいろと聞きます。すると、親は、何と言うか。

「うちの子は、依頼心が強い」

子どもは、ものすごい葛藤の中に、突き落とされていきます。

◎傷を避けないで

どんな親に育てられても、子どもは傷つきます。

だって、夫婦の性で、その子を作ったんですからね。時期が来れば、子どもは気づいて、傷つきます。

そのとき、愛とともにいれるか、子どもの傷とともにいれるか、それだけなんです。無傷のまま育つことはできません。それをしようとすると、オカシイことになるんです。

私は、グウタラな親なんですが、心して気をつけていたことはあります。それは、子どもに対して、わけのわからないイメージを持たないこと。子どもとは、こうあるべきだ、と見たことも聞いたこともない［理想の子ども］のイメージを描いて、それにくらべて、うちの子はどうだこうだ、とはやりませんでした。

うちの子どもは、二人なんです。他に空想上の［理想の子］はいないんです。ヤンチャな実物がいるばかりです。

だから、あること、起きること、をただ、見る。そして、ともに、いる。傷とともに、いる。

親にできることは、それだけです。

子どもは、傷の中にいます。人はもう、お母さんのおなかの中にいるときから、傷ついていています。お母さんのおなかを蹴飛ばして、大きくなってきました。

人は、傷の中にいるんです。

傷をなくそうとしたり、避けたりするのは、とても危険なことなんです。

ただ、ともにいること。それが、すべてです。

◎親は子に何を教えるか

子育てについては、いろいろなところでよく質問されます。

「親は子どもに何をしてやればいいんでしょう？」と。

親は、子に何ができるか？　たった一つしかないんです。本質的には、一つです。

それは、

「その子が一人で生きていけるようにすること」――これが、親の唯一の願いです。

非情だなんて、とんでもない。すべての生きものは、それです。この地球上のあらゆる生物の親がもつ、たった一つの願い、たった一つの理念・思想は、それです。

それがあるから、人類も、代が変わり代が変わりしても、百万年以上も生き続けてこられたのです。

覚えておいてください。

あなたが死んだ後も、子は生きるのです。

◎子どもは親の呼吸を感じている

子どもは、敏感に両親の呼吸を感じています。子どもがむずかったり、ヒステリー起こしてキーッと言ったり、夜泣きしたり、というのは親の呼吸の中に殺気を感じているわけです。

家で夫婦ゲンカしたりしていると、いくら陰で隠れてやったって、ダメなんです。子どもは呼吸で感じてしまうんです。体全体で両親を受け入れてますからね。

仲のよい両親の子どもというのは、ちょっとのんびりしているかもしれないけれども、よい呼吸をしています。体全体に包容力をもってまして、もう既に指導力が身についています。

夫婦ゲンカの絶え間のない両親の間に育った子どもが、指導力を発揮する場合は、暴力とか大声とか、そういう荒々しい方向に走りやすいんです。いつも荒々しい呼吸を感じながら、育っていったわけですからね。

◎ 子どもの心眼

父と子に、「お父さんの価値は何か？」という質問をしたアンケートがあります。お父さんの返事の一位は「収入」です。次が「社会的地位」。この二つこそが父たる者の威厳だ、と、お父さん自身は考えている。一方、子どもは、「世の中に役立っていること」をあげています。

お金や地位よりも、自分のお父さんが、本当に世の中の役に立っている人かどうか、が問題なんです。

子どもって、すごいですね。

◎ お母さんと子どもの対話

ある調査機関が、お母さんと子どもにアンケートをしました。

「一日に何分くらい、お母さんと子どもの対話をしていますか？」

お母さんの答えは、30分です。子どもの答えは、5分です。そこで、両者の言い分を聞いてみました。お母さんに聞くと、「最低でも30分くらいは、対話してますよ」「どんなことを話しているんですか?」すると、まあ、「早く起きなさい。歯みがいた? パジャマぬいだ? 宿題ちゃんと済んでるんでしょうね? 今日は塾の日よ、早く帰ってくるのよ」

これ全部、対話の中に入っているんです。子どもの方では、「それは、取り調べだ!」。

◎感情の主人公は「自分」

統計によると、毎日、親が子どもに対して「どうして、そんなことをするの!」「早くしなさい!」そういう否定的なメッセージを、最低200回以上言っているそうです。平均すると、一日に400回、だそうです。

だから、私たちのほとんどは、(自分はのろまで、グウタラだ)と、心のどこかで思っているんです。だって、1日400回言われて、20年ですよ。かなりうぬぼれていても、ダメですね。

こうして私たちは何を学ぶか、というと、

(僕のせいで、お父さんやお母さんはイライラしている)と、思い込んでしまうんです。

これを、迷信と言います。


人間の感情というものは、自分でコントロールしているのです。

誰かのせいで悲しくなる、イライラする、傷つく、ということは、絶対にないんです。

人は誰でも、自分で選んでいるんです。このことを、忘れないでください。

裏返して言うと、(私は、あの人を傷つけたんではないか)と悩む必要はないんです。

人は、人を傷つけることは、できないんです。傷つくことがあるとしたら、その人がそれを選んだのです。

感情の主人公は、[自分]です(ただし、瞑想等で浄化されると自他の選択を越えた、自分本来の純化された感情に出会うことがあります)。

「お前が玄関のドアをバタンと閉めたから、イライラする」のではない、ということです。ドアがバタンと閉まったことは、一つの[刺激]にすぎなくて、それを「イライラする」と受け取ったのは、自分なんです。決して間違ってはいけないこと、です。

私は、これを知ったとき、４日間口がきけなくなりました。ものすごい衝撃でした。

そのときまで私は、（あの人のせいで、つらい思いをした。私が何かを言ったことで、人を傷つけた）と、信じていましたから。

笑おうが、悲しもうが、泣こうが、怒りをもとうが、それは、その気もちを、自分が自分の責任で選んでいるのだ——それを学んだときから、私の人生は変わりました。

誰かのせいでイライラするということは、ありえない、ということです。

人は人をイライラさせるということは、絶対にできない、ということです。

ですから、「あなたがいい成績をとったので、お母さんは嬉しいわ」というのも、嘘だということです。百点は、ただの百点なんです。それが嬉しいかどうか、は、お母さんの問題なんです。

◎ 頭から出す声と腹から出す声

私たちの声には、二種類あります。一つは頭から出る声、もう一つは腹部から出る声。

自分が声を出してみて、音がどちらで響いているか、感じてみると、すぐわかります。


そして、自分が頭から出した声は、相手の頭に入ります。

人間の頭には、疑う・計算するという機能があります。誰の頭にもあります。頭とは、そういうものです。だから、お母さんが「宿題やったの？　勉強しなきゃダメよ」と言っても、上司が「この件を、すぐ書類にまとめてくれ」と言っても、

(お母さん、今日は機嫌が悪いのかなあ）と、疑います。

(「すぐにまとめろ」は、どうせ課長の口ぐせだから、ま、明日からでいいだろう）と、計算をはたらかせます。この世は何一つ動かない。

同じことでも、腹から（心から）話すと、

(お母さん、僕のこと気にしてくれてるんだな)

(課長もやる気出してるぞ）と、入っていく、そういうもんなんです。

子どもと仲のよいお母さんや、部下に信頼されている上司は、みんな腹からいい声を出していますね。美声悪声というのでなく、腹から出る声は、響きがよいんです。

といって、頭から出る声が悪いのか、というと、そういうことではないんです。学校の授業なんかは、相手の頭に入れるものですから、頭の声がよいし、事業上の数字の打ち合わせも、そうです。期末決算を腹から響く声で報告されても、全然頭に入らない。

「まあ、だいたいうまいこといっとるやないか」でね。ドンブリ勘定以上に前に進みません。

◎ 過保護

「○○ちゃん、寒いでしょ。はいはい、セーター着なさい」ってやってるお母さん、いませんか？

今、思わずうつむいた方、やってますねえ。

子どもというのはね、大人が思っているよりはるかに、いろんなことわかっているんです。感じているんです。

ただし、［自分のことは自分で責任を取る］という習慣をつけておいてあげれば、ですよ。こんな習慣、すぐつくんです。放ったらかしにしておけばいいんですから。子どものことは、なるべく、その子自身に任せるんです。少なくとも、暑いだの寒いだのくらいは。

それをやらないと、

（お母さんが「着ろ」と言ったから着たのに、暑い！）と言って、今度はお母さんを恨みます。表面の態度に出ていなくても、心の中の動きに、それがあります。恨みをもつんです。これ、自然なことですよ。

だから、

「こんなセーターじゃ、イヤだ。人と違う色は、イヤだ。人と同じじゃ、イヤだ」という具合に、なってくるんです。

ワガママな子、と言う前にね、その子は、自分の感じ方を自分で感じてみるチャンスを与えられずに育ったんだ、とわかってあげてください。

自分の感じていることを、ちゃんと感じてみる、受け入れてみる。

これが、痛みと直面できるようになるための基本なんです。

◎お母さんのギブアップ

子どもが小さい頃は、何でもかんでも謝って、自分の責任にしてしまうお母さんですが、いずれ、そうはできなくなります。

中学生くらいになって、オナニー始めたりすると、もうギブアップ。責任取れなくなってしまう。

タバコは、中学生の子なら叱れるかもしれないけど、高校生にもなると、これもギブアップ。子どもが座ってると灰皿もってくるお母さんも、いたりして。

子どもは子どもで、国語も数学もよくできるようになったけど、自分で考える、判断する、責任を取る、という点になると、まるで練習ができていない。だから、社会に出るとギブアップ。

結局、誰にとっても、いいことないのね。

◎お母さんは謝るのをやめましょう

朝カラリと晴れてました。子どもは学校に行きました。お昼から雨。こんなとき、近頃のお母さん、どうすると思います？

長靴と傘をもって、学校に走る。いや、本当なんです。そういうお母さんが、雨の日の学校にズラッと並んでいるんだから。

そして、子どもが出てきたら、謝るわけ。

「ごめんなさい。今日雨が降るとは思わなかったの」。気象庁だって謝りませんよ。「本当にごめんなさいね。セーターも着る？　どうする？」

子どもは、何にも感じる必要ないんです。「はい」か「いいえ」だけ言えば、全部済んでしまう。

夕食になります。魚の料理です。

「あら、骨があったわ。ごめんなさい」。またお母さん謝ってる。子どもは黙っています。

これ、愛情の表現なんでしょうが、子どもは、もう何も考えなくていいし、何も感じなくていい。何か起これば、それはお母さんの責任、そう思うようになって当然ですよ。

私の家では、それはやりません。

魚には骨があるんです。食べたければ、自分で骨を取って食べる。骨を取ること、楽しんでやってます。

朝は、子どもが腕組みして外に立ちますね。

(今日の天気はどうかな？　靴にするか長靴にするか、傘はどうしよう)

小学校一年のときから、友だちに頭下げて傘に入れてもらって帰ってきます。汚してしまった靴は、自分で洗ったりして、ちゃんと自分で責任とって、そのことを楽しんでいます。

これ、親がよくデキているから、じゃないんです。ただグウタラだから。でもちゃんと育っています。

みらい
いま
そっち
こっち
あっち

明るい気持ちで人生を送るために

生命の喜ぶことをすると、人は快く感じます。
生命にとって間違ったことをすると、痛みや苦しみを感じます。
人というものは、そのように出来ています。
人に、真に必要な知恵は、これで全部です。

◎ 不死身の人の秘密

世の中には、ずば抜けた人っているものです。ものすごいんです。いつもエネルギーがブァッと出ていて、常に全力投球で、ムチャクチャ働いて、夜はお酒呑んで騒いで、そして、3時間くらいしか寝ない。

〔この人は不死身だ〕と思いましたね。〔この人はもう、人間ではない〕と。

この人の秘密が、**瞑想**なんです。

◎ リラックスの必要性

ついこの間も、中学生の子が、友だちを殺すという事件がありました。その理由は「ムシャクシャしたから」……。

現代という時代は、人間が受容できるストレスの限界量を超え始めているんです。だから、**自分で自分をリラックスさせるとき、**を作り出す必要があるんです。

◎知恵が湧く

瞑想すると、内側から、何が良いか何が悪いか、分かってくるんです。

これが、**知恵**と**知識**の違いです。

知識というのは、他の人からいっぱい学んで頭に入れたもの。外から内側へ入れたもの、です。

知恵は、宇宙から自分の体に戻ってきて、「自分の」内側から現れてくるもの、です。

◎目に見えない力が味方してくれる

瞑想して、修行していく、そうして、自分のエゴやマインドを一枚一枚はがしていくと、ネイチャー・サポート（自然の支え）を実感するようになります。

自然、つまり、宇宙の法則が、自分に味方してくれるのです。

だから瞑想すると、健康になる、顔がきれいになる、声が良くなる、カンが冴える、運がよくなる、こんなことが全部当たり前のことです。

それればかりか、目に見えない力まで、味方してくれるようになるのです。

◎瞑想と宗教は違う

瞑想は宗教と違います。

瞑想は、科学に裏付けられた技術であり、自分御純粋意識と出会うための「道具」です。

宗教をお持ちの方は、ご自分の宗教を大切になさってください。瞑想をすることによって、宗教の本当の意味が分かってくるでしょう。

◎人は幸せになれる

自分の内側に、パアーッと満開の桜のように花が咲いている、その状態が生涯にわたって持続する……これが、瞑想の究極の目的です。

ということは、人はこの状態になれる、ということです。

このことは、信じていただいて結構です。

人は、**幸せになれる**んです。

◎ 瞑想の始まり

私の先生の一人が言っています。

「瞑想は、努力というヨロイが落ちた時に、突然に始まる」と。

その通りですね。だいたい、努力で得られるものはタカが知れているんです。

努力したり、頑張ったり、集中しなければ！と思っても、〔瞑想〕は始まらないんです。そこから始めてもいいんですよ。いいけれど、自分に無理強いしては、それはカワイソーというもんです。

ただただ〔瞑想〕の起こるのを、待ってあげる。雑念が出てきたら、それを待ってあげる。観てあげる。

すると、突然、雑念なんかどっかに行って、そのとき突然あなたの〔瞑想〕が始まります。これは、体験すると分かることです。

◎ 息を忘れている私たち

いつも呼吸に意識を向けていると…、
胸と背中から、息がファーッと出る感じになります。

真冬に息を吐くと、白くなるでしょう？　ああいう感じで、ファーッと息が出るんです。

だから、胸と背中がいつも暖かい。

ほとんどの人は、息をするのを、忘れています。いや、するのを忘れたら死ぬんだけれども、**意識して息をする**というのを、いつも忘れている。

私たちのストレスの大きな原因は、呼吸なんです。

緊張すると、ハッと息を呑むわけです。そこで、ストレスが溜まる。その後、ちゃんと、ファーッと息を吐いていないといけないんです。

長くきれいな息を吐くことは、精神的な健康に、きわめて大切なことです。

と言っても、なかなか日常の習慣にはならないでしょう？　そこで、**瞑想**なんです。

瞑想を続けていると、自然のうちに、吐く息が長くなってきます。

◎ 息を吐くとリラックスできる

いつも自分の呼吸に注目していくことが、瞑想の理論的根拠です。

少し詳しく言うと、息を吸うのと吐くのとでは、神経が違います。息を吸うのは、交感神経、吐くのは副交感神経が扱います。ですから、吸う息と吐く息は、区別する必要があるのです。

瞑想（特に禅）では、吸う息は短く、吐く息は長くゆっくりと、と言います。これも、ちゃんと科学的に立証されたんですね。どうしてかと言うと、吸う息を扱う交感神経というのは、**ストレス**なんです。で、吐く息、副交感神経というのは、**リラックス**なんです。

皆さん、どうですか？ あっ、ビックリした、という時、息はどうなっていますか？「ビックリして、息が止まった。ビックリ仰天息をのむ」って言うでしょう。ショックの時、ストレスが起こった時には、息を吸い、そのまま息が止まるんです。

さあ、これから頑張るぞという時は？ やはり、息を吸い込みますね。ガンバルというのは、ストレスなんです。

息を吐くというのは、どんな時ですか？　「ホッとしたぁ」ですね。リラックスです。それから、疲れた時アクビが出ます。息が出るんです。深新呼吸する時でも、長く息を吐きます。すると、体が休まる。体に良いことは、ちゃんと体が知っているんです。

ですから、吐く息を、ゆっくりと、ゆっくりと、長く広く出してあげる。そうすることで、自律神経が正常に保つ。

これは、ひろく瞑想に取り入れられていることとです。

◎古来、賢人は瞑想家でもあった

古来から賢人といわれた人で、瞑想や呼吸法をやらなかった人はいないんです。偉大な人物と言われた人は、みんな、偉大な瞑想家でもありました。

ウソだと思う人は、ご自分で調べてみてください。そして、ホントだと分かったら、私に教えてください。だって、そんなこと調べてるより、自分でやった方が早いでしょ。きっと、どなたもお調べにならないでしょうね。

ともかく皆が昔、呼吸に注目しました。

どうして注目したかというと、我々を病にも導く自律神経には、さっき言ったように、「自分の意志ではどうにもならない、それはそれで自動的に動く」という特徴があります。

しかしながら、この**自律神経を、唯一コントロールできるもの**がある。

それが、呼吸なんです。だから、注目した。

自分の呼吸をコントロールすることによって、自律神経を正常に保つ、ということに、賢人たちは注目したんです。

人類は大昔から戦いばかりをくり返してきた、というのも一つの見方ですが、大昔から叡智の宝庫を築いてきた、という見方も、ありますね。

◎ 苦しみのタネがあっても

生命の喜ぶことをすると、人は快く感じます。

生命にとって間違ったことをすると、痛みや苦しみを感じます。

人というものは、そのように出来ています。

人に、真に必要な知恵は、これで全部です。

お腹が痛む、頭が痛む、イライラする、腹が立つ、憎らしい人がいる……、これは全部、あなたが自分の生命にとって間違ったことをしているから、です。

働きすぎたから、眠っていないから、あの人があんなことを言ったから、お金が必要だから、疲れる・腹が立つ・苦しいというのは、全部違います。**苦しみのタネは、外にあるのではなく、あなたの内側にあります。**

愛する人がいようがいまいが、大きな家や車があろうがなかろうが、おいしいものを食べていようがいまいが、生命の喜ぶことさえすれば、例えようもない**平和**、例えようもない**豊かさ**、**例えようもない安定**を、人は直ちに感じることができます。

瞑想というのは、もちろん、生命がとても喜ぶことなんです。

◎自分の願いはハッキリしていますか

明るい気持ちで楽しい人生を送りたいですか？　それとも、暗く沈んだ人生を送りたいですか？　と聞けば、誰でも、楽しい人生の方を選ぶでしょう。

しかし、実際は、自分の願望がハッキリしない人って多いんです。ちょうどセーターを買いに行ったようなもので、これにしようか、あれにしようか、と思っている時は、願望が揺れていますから、あまりパワフルではありません。「今日は絶対、一つ買うぞ」とハッキリ願望をもって、ショッピングしている人というのは、かなりいい顔していますね。

願望を持っている時は、磁石みたいなものが働きます。

明瞭な願望を持っていると、潜在意識は、終局的に、良いことにつながるチャンスだけをつかまえるように、あなたを導いてくれます。

歴史に名を残すような大成功者から、我々の周囲にいる中成功者、小成功者に至るまで、そういう人は、必ず、**人生に明るい面に敏感**だ。という要素があります。

◎ 良いイメージを描くこと

私たちの人生の9割までは、潜在意識によって動いています。そして、この潜在意識というのは、とても正直なのです。

例えば、子供が病気をして（子供の病気が治るなら、私が代わりに病気になってもいい）と本当に願ったら、そういうことが起きる、と言われています。

すごい借金ができて（この借金さえ返せたら、もうどうなってもいい）と強く念じると、それは叶えられるそうです。しかし、お金を返すその元手は、自分が事故に遭って、保険金が入ったり、死んで、死亡保険金が入って、借金が返される、ということが、実に多いそうです。

強く念じると、必ず叶えられるから、どんな風に念じるかは、きわめて重大です。いつもポジティブに、そして、良いイメージを描いて、念じてください。

それから、自分が何か良いことをしたら、必ず、良いことがハネ返ってくる、と信じることも大切です。

◎潜在意識に冗談は通じない

潜在意識は、受け入れたものをすべて、無差別に実現してしまう性質があります。潜在意識には、冗談や嘘は、通じないんです。

「オレ、いつ死んだっていいんだ」なんて言っていた、自分は冗談のつもりでも、冗談の部分は、潜在意識には入りません。

「死んでもいい」という所が、ストレートに入ってしまいます。

また、心の中で、(あの人、失敗すればいいのに)と思ったとします。

しかし、(あの人)というのは、入らない。ただ、(失敗したらいいのに)と入るんです。

当然、自分にハネ返ってきます。(私、失敗したらいい)というか形で、実現されていきます。

潜在意識というのは、いい事とか、悪い事とか、の区別がないんです(善悪なんて本来ないんですから…)。あなたが思ったこと、が、実現されます。

不幸な人に、「あなた不幸になりたかったんでしょう」って言う人がいます。なんて残酷なことを言うの、と思われるでしょうが、潜在意識から言えば、その通りです。

望んだことが実現されますから、現在のあなたは、過去にあなたが望んだ通りの、あなたなんです。

だから、来月のあなた、来年のあなたは、今のあなたの思い通りになる、ということを潜在意識が約束しています。

どういう自分になりたいか、ハッキリと、見定める必要があります。

◎ 安らぎを外にばかり求めても

瞑想すると、一〇か二〇分やりますと、本当に、必ず安らいだ気持ちになります。
で、瞑想の最終的な目的というのは、
その**瞑想の時のいい気分を、二四時間継続する**ことです。
ですから、瞑想を体験しますと、人の前で講演していてもいい気分だし、勉強していても、人と話していても、食事をしていても、とてもいい気分。とてもいい気分だから、周りの人もいい気分になって、その人といるだけで安心してしまう。そういうことが起きます。

私自身も、とてもいい気分、とても安らいだ心が、だんだん増えていっています。ホントに増えていってます。

安らいだ心というのは、自分でつくるしかないんです。

他の人があなたを安らかにすることは、絶対に、できないんです。

どうしてかと言いますと、もし、あなたが自分の安らぎを他の人に求めたとしたら、それは、外へ外へ求めることだから、です。

外へ外へと求めていく、その外とは、他人のことなんです。

そのとき最後に残るのは、ただ、疲れ……。

もう皆さん、人生の極意が分かっちゃったんですからね、あとはやるだけ、ですね。

ただ、もう一度言いますが、外に求めるのは〔悪いこと〕ではないんですよ。外と内とのバランスを自分で観ていけるかどうか、なんです。

◎ トライ！ 瞑想

最後に言いたいことがあります。
もし、あなたが、人生の目的を見つけたいのなら、そして、何のために生まれてきたか知りたいのなら、そして、愛している人がいるなら、そして、うまくやっていきたいのなら、瞑想をしてください。

野球について、サッカーについて、どんなにたくさんの話を聞いても、あなたは、野球もサッカーももうまくはなりません。瞑想も同じです。

あとがき

万代宝書房　釣部人裕

この本は、読者であるあなたと本書のとの共同作業によって初めて完成する。そんな本なのです。

本書で学んだことを生かして、あなたが実生活を生きる、実践が重要なのです。あなたの手による、実践こそ、この本の書かれた目的でもあります。

学んだこと、自分の思い方や考え方を変えてみた生き方をいざ、実践しようとすると、それは、あなたとって、容易なことではないかもしれません。

「(頭では) 分かっちゃいるけど、つい何時ものパターンで (からだが) 動いてしまう (または止まってしまう)」、これです。

これは、あなたが長年大切にしてきた、思い方や考え方が、しっかりとあなたの潜在意識にプログラムされているから、当然のことなのです。

表面意識は、潜在意識に大きく影響されていますから、新しい見方を潜在意識にプログラムする必要があるのです。

では、どうすれば、それがどうすれば出来るのでしょうか?

その秘密が、瞑想することなのです。

私は、もう一つ、月に1回程度「ミラクルマップ」を作っています。

「ミラクルマップ」は、「自分のビジョンを視覚化し、実感してしまえば、そこに至る道についてあれこれ心配しなくても日々眺めることで、あなたの夢は実現します。潜在意識が夢にも思わなかったような方法で、あなたの夢を実現させてしまうのです。」ということで、本や雑誌の中の気に入った写真や絵、デザインの切り抜きを、一枚の紙(A3のことが多い)に好きなように貼り付けて、自分のビジョンを具体的に、目で見えるようにします。

この作業で、自分の潜在意識に気が付きやすくなります。

私たちは、今、先が読めない時代、予測できない時代に生きています。スマホがいつも傍らにあり、分からない事はすぐに検索できる時代です。社会・技術の発展は、便利になっているかもしれませんが、幸せにはなっていない、と私は思います。

このような時代に生まれたからこそ、私たちは、眠っている潜在能力を呼び覚まし、この状況を行き抜き、さらに成長し、自己実現をする必要があると思います。


初版の「著者の願い―あとがきにかえて」には、こうあります。

「一人ひとりが、自らの自然治癒力を高め、引き裂かれた心と体を癒し、どんな状況にも対処し、ラクに生きる能力を呼び起こしてほしいと思うのです。そして、一人ひとりが、常に安らいでいて、しかもパワフルで本来私たちに与えられている知恵を生かして、それぞれの可能性を生かして、状況を改善するためにできることをする。傷つけあうことではなく、癒しあうこと、奪い合うことではなく、与え合うことを通して、人が、地球が、そして私が、さらに癒され、統合され、それぞれの生命の輝きを取り戻す、そんな生き方を楽しむ人を一人でも多くの人と分かち会いたいという願いを込めて、この本が作られました。」

万代宝書房の経営理念は、
「夢や志を持っている人に対して、
出版や配信を通じて社会での活躍をサポートすることで
幸せが連鎖する世の中に貢献する。」です。

初版は絶版になり、国民の手元には届かなった本書を、もう一度、皆さんの元に届くようにすることが、この経営理念に一致すると思い、ほんの一部、編集をし、改訂新版として出版することにしました。

最後に、初版を執筆した故高橋弘二氏、本書の改訂新版に発刊に協力してくださった多くの方々に感謝いたします。

2023年2月21日

本書籍は一九八九年十二月、ＰＨＰ研究所より刊行された
『生きるのがラクになる本』を再編集して文庫化しています。

万代宝書房選書
生きるのがラクになる本（改訂新版）

2023年2月21日 第1刷発行
著　者　高橋 弘二
編　集　釣部 人裕
発行者　釣部 人裕
発行所　万代宝書房
〒176-0002 東京都練馬区桜台1-6-9-102
電話 080-3916-9383　FAX 03-6882-0791
ホームページ：http://bandaiho.com/
メール：info@bandaiho.com
印刷・製本　日藤印刷株式会社

ISBN　978-4-910064-79-6　C0036

装丁・デザイン／ 小林 由香